LA FOLIE RAISONNANTE

OU

FOLIE MORALE

PROGRAMME DE QUESTIONS A ÉTUDIER

DISCOURS PRONONCÉ A LA SOCIÉTÉ MÉDICO-PSYCHOLOGIQUE

DANS LA SÉANCE DU 8 JANVIER 1866

PAR

M. le Dʳ JULES FALRET.

PARIS

IMPRIMERIE DE E. MARTINET

RUE MIGNON, 2

1866

Extrait des Annales médico-psychologiques.

DE

LA FOLIE RAISONNANTE

OU

FOLIE MORALE

PROGRAMME DE QUESTIONS A ÉTUDIER

Messieurs,

La question de la folie raisonnante (manie sans délire, folie morale ou folie des actes), soumise à l'examen de la Société médico-psychologique, est une des plus vastes et des plus difficiles que l'on puisse aborder dans notre spécialité. Elle présente des aspects nombreux et peut être envisagée à des points de vue très-divers. Elle mériterait en tout temps d'être étudiée avec soin et de devenir l'objet d'une discussion publique; mais plus que jamais, cette discussion est opportune, à une époque où les accusations se multiplient d'une façon si injuste contre les médecins aliénistes, à l'occasion de prétendues séquestrations illégales et arbitraires; or, c'est dans ces variétés de la folie, qui se rapprochent de certains caractères de l'homme à l'état normal, que le diagnostic de la folie offre le plus d'obstacles et de difficultés, et que les médecins peuvent surtout être accusés de trouver à tort des aliénés là où les gens du monde, les philosophes et les magistrats ne veulent voir que des individus bizarres, étranges, et présentant de simples singularités de caractère.

L'étude clinique des diverses variétés de la folie réunies provisoirement sous les noms vagues de folie raisonnante, de folie morale, de manie sans délire ou de folie des actes, exigerait un volume. Je ne puis avoir la prétention même d'ébaucher cette étude dans un discours : mon but, aujourd'hui, est simplement d'indiquer brièvement les points principaux qui me paraissent les plus dignes d'attirer l'attention de la Société, dans ce sujet si vaste et si complexe, et de tracer en quelque sorte le programme des questions qui devront faire l'objet de la discussion qui va s'ouvrir. Sans cette précaution, en effet, cette discussion risquerait de s'égarer dans des généralités vagues et dans des dissertations métaphysiques sans applications pratiques, et il importe beaucoup de bien préciser, dès le début, le terrain sur lequel elle doit s'exercer et les limites dans lesquelles il convient de la renfermer.

Je diviserai donc ce discours en quatre parties : 1° partie psychologique ; 2° partie pathologique ou clinique ; 3° partie administrative ou législative ; 4° partie médico-légale. Ce sont là, selon moi, les quatre aspects principaux sous lesquels il est nécessaire d'examiner la question.

PARTIE PSYCHOLOGIQUE.

Dans une Société mixte comme la nôtre, à la fois philosophique et médicale, il est impossible de passer sous silence le côté plus spécialement psychologique de la question de la manie sans délire. C'est, selon nous, le moins important pour la solution des problèmes pratiques que nous avons surtout en vue, et j'y insisterai moins longuement que sur le côté pathologique ou clinique ; mais je ne puis m'abstenir de le signaler à l'attention de la Société. La discussion psychologique à l'occasion de la folie raisonnante me paraît devoir porter sur deux points principaux : le premier, c'est celui de l'isolement possible des facultés humaines ou de leur étroite solidarité d'action, à l'état normal et à l'état maladif ; le second est celui des limites théoriques à établir entre la raison et la folie. Nous dirons quelques mots de chacun de ces points en discussion.

I.

Et d'abord, les facultés sentimentales et affectives peuvent-elles être lésées séparément par la maladie, sans trouble concomitant des facultés intellectuelles, ou bien, au contraire, existe-t-il, dans tous les cas sans exception, malgré la prédominance de lésion de l'un ou de l'autre, altération simultanée de ces deux ordres de facultés ? Telle est la première question que l'on doit poser à propos de la folie raisonnante, question fondamentale par excellence, puisque le fait essentiel et caractéristique, sur lequel tous les auteurs ont fait reposer cette espèce particulière de maladie mentale, a consisté précisément dans cette donnée première d'une lésion exclusive des facultés affectives ou instinctives sans aucun trouble de l'intelligence. C'est sur ce terrain que la discussion a été portée depuis le commencement de ce siècle. On s'est demandé s'il existait bien réellement une folie sans délire (folie morale, folie affective ou folie raisonnante), dans laquelle les sentiments et les instincts seraient seuls pervertis, tandis que l'intelligence resterait parfaitement intacte, et de cette question clinique on s'est élevé à la question psychologique plus générale de la solidarité nécessaire ou de l'isolement possible des facultés humaines, à l'état normal et à l'état pathologique. C'est là un sujet qui a déjà été plusieurs fois traité dans la Société médico-psychologique depuis sa fondation, soit à propos de la monomanie envisagée au point de vue psychologique et légal, soit à l'occasion de la responsabilité partielle. Je n'ai donc pas à y insister longuement ici.

Je me bornerai à dire que, pour ma part, je crois fermement, théoriquement et pratiquement, à la complète solidarité d'action des diverses facultés de l'âme, chez l'homme sain comme chez l'homme malade. Dans la folie raisonnante ou folie morale, l'observation clinique prouve, selon moi, qu'il y a bien prédominance de lésion des facultés morales ou instinctives, mais non absence complète de troubles de l'intelligence. A l'état normal, les psychologues n'ont admis l'existence de facultés distinctes que pour en faciliter l'étude. Ce ne sont là en réalité que des modes divers de l'activité psychique, indivisible dans son unité. Ces facultés ne peuvent pas plus agir isolément à l'état normal qu'elles ne peuvent être lésées séparément par la maladie. Plusieurs facultés coopèrent toujours à chacun des actes de notre esprit, et les résultats produits proviennent tous de l'action simultanée de plusieurs de ces forces primitives de l'âme humaine. De même, à l'état maladif, il peut bien exister et il existe souvent des prédominances de lésion de chacune d'elles, mais il n'y a jamais altération isolée de l'une d'entre elles à l'exclusion de toutes les autres.

Le vice fondamental de tous les travaux accomplis depuis le commencement de ce siècle par les médecins aliénistes de tous les pays, a été précisément de vouloir transporter purement et simplement dans la médecine mentale les divisions de facultés admises par les psychologues de profession pour l'étude de l'homme normal.

L'école phrénologique surtout, et à sa tête Gall son fondateur, a proclamé cette fragmentation et cet isolement possible des facultés humaines ; elle a même cherché à assigner à chacune d'elles un siége particulier dans le cerveau, et a voulu découvrir, dans la pathologie, des exemples de lésions isolées de ces facultés, correspondant à chacun des penchants, des instincts, des sentiments ou des pouvoirs intellectuels. C'est ainsi que l'on est arrivé à établir des monomanies distinctes, en rapport avec l'altération de certains penchants, tels que le penchant au meurtre, au vol, à l'érotisme, etc., etc.

Pinel déjà était entré dans la même direction scientifique imposée par les philosophes, en créant, comme espèce distincte, la manie sans délire, caractérisée par l'altération exclusive des sentiments et des penchants, sans lésion de l'intelligence. Esquirol a suivi dans la même voie son illustre maître, en divisant la monomanie en monomanie affective, instinctive et intellectuelle, et si d'abord, dans son article MONOMANIE, il n'a pas reconnu la monomanie instinctive homicide, il est revenu plus tard sur cette première opinion (dans son mémoire sur la monomanie homicide), en constatant l'existence de quelques faits dans lesquels le penchant au meurtre pouvait exister seul sans aucun trouble de l'intelligence.

En Angleterre, le docteur Prichard, dans son traité des maladies mentales, a admis également, comme espèce distincte, la *folie morale*, basée aussi sur la lésion isolée des sentiments et des instincts, et qui correspond à peu près à la *manie sans délire* de Pinel, et la plupart des médecins anglais ont, depuis cette époque, accepté cette forme de la folie telle qu'elle a été déterminée par le docteur Prichard.

En Allemagne, les médecins aliénistes du commencement de ce siècle, tels que Reil, Heinroth, Hoffbauer, etc., avaient aussi soutenu la réalité d'une folie sans délire ; mais, à partir de 1822, Henke, le célèbre fondateur du journal de médecine légale qui s'est perpétué jusqu'à nos jours, a commencé à réagir contre cette doctrine régnante. La lutte a été vive entre les médecins allemands depuis cette époque sur cette question capitale ; mais peu à peu l'opinion défendue d'abord par Henke a fini par triompher, et elle est aujourd'hui dominante en Allemagne. Dans son traité des maladies mentales, le professeur Griesinger proclame, en effet, très-nettement qu'il n'existe pas de folie sans lésion de l'entendement ; il va même jusqu'à dire (p. 355) que la création de la manie sans délire par Pinel a été un malheur pour la science.

En France, dès 1819, mon père, dans sa thèse, a commencé la réaction contre l'opinion de Pinel, en niant absolument l'existence de la manie sans délire. Depuis lors, Marc, Georget et la plupart des élèves de Pinel et d'Esquirol ont cependant persisté dans la doctrine de leurs maîtres, et aujourd'hui encore on admet généralement la possibilité de la lésion isolée des facultés intellectuelles et instinctives dans la folie. Néanmoins, plusieurs médecins aliénistes commencent à abandonner cette manière de voir trop exclusive et, pour notre part, nous sommes convaincu que l'étude clinique plus complète et plus rigoureuse des faits réunis artificiellement aujourd'hui sous le nom de *folie sans délire*, conduira tous les observateurs consciencieux à reconnaître l'exactitude de la thèse qui est pour nous, dès à présent, une vérité démontrée, à savoir, qu'il n'existe pas, dans l'aliénation mentale, de lésion isolée des sentiments ou des instincts, sans perturbation simultanée des facultés intellectuelles, ou, en d'autres termes, qu'il n'y a pas de folie sans délire.

Ce n'est pas ici le lieu d'entrer dans l'examen approfondi de ce sujet qui exigerait à lui seul tout un discours ; mon intention est aujourd'hui seulement de le signaler à l'attention de la Société, comme un des plus importants sur lesquels elle ait à délibérer dans la discussion actuellement pendante.

II.

La seconde question psychologique à examiner, à l'occasion de la folie raisonnante, est celle des limites qui séparent la raison de la folie et des caractères qui peuvent servir à établir une ligne de démarcation entre ces deux états, dans les cas difficiles. Tous ceux qui adressent aujourd'hui des objections aux médecins aliénistes, se font une arme de la difficulté que l'on a éprouvée jusqu'ici à définir la folie d'une manière rigoureuse et à poser une limite précise entre cet état maladif et l'état de raison.

Les caractères distinctifs que l'on a cherché à établir comme critérium absolu dans le diagnostic de la folie, sont, en effet, insuffisants ; il en est de très-utiles et de très-importants, mais aucun d'eux ne peut s'appliquer à tous les cas sans exception.

Le premier de ces caractères, donné comme moyen de définir la folie et de la distinguer de la raison, a consisté à dire que la folie était la *perte du libre arbitre*. Cette définition est déjà ancienne. M. Morel l'a admise dans ses études cliniques, M. Renaudin, dans ses études médico-psychologiques, et M. Baillarger, dans ses leçons et dans son essai de classification. Mais définir ainsi la folie, c'est évidemment faire un cercle vicieux et répondre à la question par la question ; ce n'est pas la résoudre, car après une semblable définition, il reste toujours à se demander à quels signes on peut reconnaître si un individu soumis à l'examen a oui ou non perdu son libre arbitre. Ce caractère est donc inacceptable même en théorie, et ne peut être d'aucune utilité dans la pratique.

Un second moyen de diagnostic proposé également pour différencier l'aliéné de l'homme raisonnable est le suivant : l'aliéné, dit-on, n'a pas *conscience de son état maladif* ; il éprouve des idées fausses, des impulsions involontaires, des illusions et des hallucinations, sans se rendre compte de leur caractère morbide et sans en apprécier la fausseté, tandis que l'homme raisonnable, atteint d'une maladie quelconque, sait toujours parfaitement qu'il est malade, et a conscience qu'il n'est pas dans un état normal. Mais ce prétendu caractère distinctif entre l'homme sain d'esprit et l'aliéné n'est valable ni pour l'un ni pour l'autre. L'homme en état de raison peut, en effet, souvent méconnaître chez lui-même l'existence d'un état morbide qui n'échappe pas à ceux qui l'entourent, et au point de vue psychique, il ne reconnaît presque jamais ses erreurs ; car ainsi que le dit l'ancien adage : L'homme ne se connaît pas lui-même ! Quant aux aliénés, tous ceux qui ont observé un grand nombre d'individus atteints d'affections mentales savent très-bien qu'il est plusieurs d'entre eux, ayant parfaitement conscience de leur état, qui luttent avec énergie contre des tendances maladives, contre des impulsions ou des idées délirantes qui s'imposent à eux, malgré eux, aliénés qui exagèrent même leur situation maladive, s'en affligent et s'en alarment, sans pouvoir pourtant en triompher, et sont au moral ce que les hypochondriaques sont au physique. M. Delasiauve, entre autres, a signalé la conscience de son état comme un signe psychique appartenant spécialement aux aliénés qu'il a réunis sous le nom collectif de pseudomonomanes. Ce caractère, excellent dans un grand nombre de cas pour distinguer la raison de la folie, n'est donc pas applicable à tous les faits, et ne peut être donné comme un criterium absolu.

Un troisième caractère, bien meilleur que les précédents, ayant une véritable importance, admis par tous les aliénistes, et qui sert tous les jours pour le diagnostic de la folie, c'est la *comparaison de l'individu malade avec lui-même,* aux diverses époques de son existence. Mon père, dans un article sur l'aliénation mentale publié en 1838, a insisté avec beaucoup de raison sur la valeur incontestable de ce caractère, et le professeur Griesinger (*Traité des maladies mentales,* trad. franç., p. 136) l'indique également comme un des moyens les plus sûrs pour arriver au diagnostic de la folie.

Mais ce critérium, très-utile dans le plus grand nombre des cas d'aliénation mentale, n'est pourtant pas applicable à tous les faits sans exception. Dans certains cas de folie raisonnante par exemple, dont nous parlerons tout à l'heure, ce moyen cesse de pouvoir être employé avec avantage.

Il est, en effet, quelques individus, prédisposés à la folie dès leur naissance, dont la maladie a pris sa source chez les ascendants, et qui, dès les premiers âges de leur existence, manifestent dans leurs idées, dans leurs sentiments ou dans leurs penchants, des particularités tellement notables, des bizarreries tellement prononcées, qu'ils se distinguent déjà de tous les autres enfants du même âge, et sont marqués dès leur enfance du stigmate indélébile de la folie. Le médecin spécialiste reconnaît de très-bonne heure chez ces enfants les signes de la prédisposition à cette maladie. Ces signes vont s'exagérant de plus en plus à mesure qu'ils avancent dans la vie, surtout à l'époque de la puberté et quelquefois plus tard ; l'incubation de la folie se produit ainsi chez eux peu à peu, et se confond pour ainsi dire, par nuances insensibles, avec l'état de prédisposition qui constitue comme le caractère normal de ces individus depuis leur naissance ; lorsque enfin la folie éclate ou devient évidente pour tous, il n'est pas facile de dire à quel moment elle a réellement commencé, attendu qu'elle s'est continuée presque sans interruption avec l'état mental antérieur du malade. Dans ces cas, rares du reste, où la maladie n'est que l'exagération du caractère naturel, le critérium tiré de la comparaison de l'individu avec lui-même cesse donc d'avoir son utilité. Or, c'est ce qui a lieu le plus souvent pour les cas de folie raisonnante qui sont fréquemment héréditaires et liés à la constitution primitive des malades.

Les philosophes et les magistrats ont encore admis beaucoup d'autres moyens théoriques pour distinguer la passion de la folie et l'erreur physiologique de l'idée délirante ; mais ces prétendus signes distinctifs sont encore plus insuffisants que les précédents, et ne peuvent résister à l'observation vraiment médicale. Ainsi, par exemple, ils ont proclamé que chez l'homme sain d'esprit la passion avait des motifs et un objet réellement existant dans le monde extérieur, tandis que la folie n'en avait pas ; ils ont admis que l'homme passionné raisonnait dans le sens de sa passion, tandis que l'aliéné était inconséquent dans son langage et se livrait à des actes en contradiction avec ses paroles ; ils ont prétendu, en outre, que l'aliéné manquait du discernement du bien et du mal, tandis que l'homme passionné ou criminel savait parfaitement qu'il agissait mal. Ils ont ajouté que chez l'aliéné l'impulsion était irrésistible, tandis que l'homme sain d'esprit avait toujours la possibilité de se retenir au moment de l'accomplissement d'un acte ; mais ce n'est là évidemment qu'une nouvelle forme du cercle vicieux déjà signalé précédemment à propos du libre arbitre ; car il resterait encore à déterminer comment on pourrait mesurer, dans chaque particulier, le degré de résistance possible de la volonté ou le degré d'irrésistibilité de l'impulsion ?

Enfin, ils ont encore affirmé que l'aliéné était poussé involontairement à un acte quelconque, sans motifs, sans réflexion, sans combinaison et sans préméditation, tandis que l'inverse avait lieu pour l'homme passionné ou pour le criminel.

Mais l'observation journalière prouve au contraire, par des exemples nombreux, que les aliénés combinent souvent beaucoup avant d'agir, et que le nombre de ces malades qui commettent des actes dits criminels, en vertu d'un motif raisonné ou d'un motif délirant, est beaucoup plus considérable que celui des aliénés agissant sous l'influence d'une impulsion purement instinctive et non motivée. Nous n'en citerons pour preuve que la difficulté éprouvée par Esquirol, lorsqu'il a voulu trouver des exemples de monomanie homicide instinctive, après avoir d'abord commencé par en nier l'existence. Tous ces moyens de diagnostic, basés sur les caractères des actes, de la passion ou de l'erreur physiologique, opposés à ceux de la folie considérée en général, caractères empruntés aux philosophes et aux magistrats, sont donc insuffisants pour le médecin. Il faut à celui-ci un terrain plus solide ; et ce terrain ne peut être que celui de la maladie, ou en d'autres termes, de l'observation clinique.

Le médecin doit chercher son critérium, pour le diagnostic de la folie, dans la pathologie et non dans la psychologie. Or, ce critérium réside précisément dans le fait même de la maladie, qui est caractérisée par un ensemble de symptômes physiques et moraux, et par une marche déterminée, c'est-à-dire par une réunion de signes diagnostiques et non par un seul.

C'est, selon nous, à l'aide de ce critérium que le médecin spécialiste peut arriver à trancher pratiquement les questions les plus délicates du diagnostic de la folie et de la médecine légale des aliénés.

Les faits réunis actuellement, d'une manière provisoire et artificielle, sous les noms de folie raisonnante, de folie morale, de folie affective et instinctive, ou de folie lucide, sont, parmi toutes les variétés de la folie, les cas qui prêtent le plus à la contestation et à la discussion, et ceux dont le diagnostic présente, dans la pratique, les plus grandes difficultés. Ils sont placés sur la limite de la raison et de la folie, entre les bizarreries natives du caractère, encore compatibles avec l'état physiologique, et les troubles plus prononcés de l'intelligence ou du moral dont la nature pathologique ne peut être contestée. Quelques-uns d'entre eux peuvent même flotter, pendant un certain temps, entre les derniers degrés de l'échelle descendante des états physiologiques et les premiers degrés de l'échelle pathologique ascendante. Il en est quelques-uns enfin, plus difficiles encore à apprécier, surtout à une certaine période de l'évolution de la maladie, sur lesquels les médecins spécialistes eux-mêmes peuvent hésiter à se prononcer, pour lesquels on peut se demander s'il s'agit réellement d'un état de folie confirmée, ou simplement d'une période

de prédisposition ou d'incubation de la maladie, d'une période prodromique ou bien d'une période de convalescence et de guérison
commençante. Eh bien! dans ces cas d'un diagnostic si difficile,
le médecin consciencieux a besoin de nouvelles lumières pour éclairer ses doutes, mettre un terme à ses perplexités, et pour découvrir des éléments de jugement plus nombreux et plus concluants que
ceux que nous possédons actuellement. Or, comme nous le disions
tout à l'heure, ce n'est pas sur le terrain psychologique, mais sur le
terrain pathologique qu'il peut trouver aujourd'hui ces éléments
nouveaux de solution pour une question aussi délicate. Depuis
soixante-dix ans, les médecins aliénistes les plus illustres, les pen-
seurs les plus éminents ont creusé persévéramment dans la voie
psychologique pour arriver à définir la folie en général, et pour poser
des limites scientifiques entre la passion et la folie, entre l'erreur
de l'homme raisonnable et l'idée délirante de l'aliéné; ils ont découvert, il est vrai, plusieurs caractères importants dont nous devons
tous profiter, et qui sont maintenant des résultats définitivement
acquis à la science, mais ils ont rencontré, au terme de leurs re-
cherches, des difficultés presque insolubles, et ils n'ont pu trouver
que des limites flottantes entre la raison et la folie, considérées d'une
manière générale comme deux entités distinctes, comme deux êtres
abstraits et théoriques, diamétralement opposés l'un à l'autre et
devant se différencier par des caractères absolus.

Si nous continuons à poser le problème dans ces termes, il restera
perpétuellement insoluble. Cette direction de la science, dans laquelle
nous persistons à tort, est celle des psychologues, des moralistes et
des magistrats, et n'est pas celle des médecins : elle a produit tout ce
qu'elle pouvait produire, et en nous immobilisant indéfiniment dans
cette situation, nous ne pouvons aboutir qu'à une impasse. Il importe donc de sortir de cette voie sans issue, de changer le point
de vue et la direction de la science pour entrer enfin sur le terrain pathologique en étudiant directement, à l'aide de l'observation
clinique, les caractères symptomatiques des états maladifs que l'on a
vainement cherché à découvrir par les procédés abstraits de la
psychologie.

Or, dès à présent, en suivant cette direction pathologique, déjà
parcourue avec succès par plusieurs de nos devanciers et de nos

contemporains, en France et à l'étranger, nous pouvons arriver, pour le diagnostic de la folie en général et pour celui de la folie raisonnante en particulier, à des résultats pratiques d'une grande importance, que nous résumerons dans les propositions suivantes.

Pour juger l'état mental d'un individu soumis à notre examen, pour apprécier s'il est encore dans les limites de l'état physiologique (avec ses variétés infinies de caractères ou d'aptitudes qui différencient si profondément les hommes les uns des autres), ou s'il appartient à la classe si vaste des malades atteints d'affection cérébrale avec perte de la raison et du libre arbitre, ne nous contentons pas d'étudier isolément un seul aspect de l'intelligence ou du moral de cet individu, c'est-à-dire le sentiment ou l'idée prédominante qui nous frappent à première vue, ou bien l'acte incriminé sur lequel les magistrats appellent notre attention. Ne disons pas de lui : C'est un monomane qui manifeste de la jalousie, de l'amour, de religion ou de l'ambition, sous une forme qui n'est pas celle de l'homme raisonnable ; ne disons pas : C'est un être méchant, violent ou passionné, ou bien un individu dominé par une idée fixe, bizarre, insolite, étrange, et voyons si cette passion ou cette idée fixe sont restées dans les limites compatibles avec l'état physiologique de l'homme, ou bien si elles ont acquis des caractères permettant de les considérer comme des passions ou des idées maladives. S'il s'agit d'un acte justiciable des tribunaux, ne disons pas : Cet individu a accompli une action singulière, un vol, un incendie ou un meurtre dans des conditions exceptionnelles, une action érotique monstrueuse, donc il a été mû par un penchant au meurtre, au vol, à l'incendie ou à l'érotisme, exalté jusqu'à la maladie, ou bien les actes qu'il a commis sont tellement étranges, par eux-mêmes, par les motifs qui les ont déterminés, par les circonstances qui les ont accompagnés ou suivis, qu'ils ne peuvent être attribués qu'à un dérangement de la raison ou à une maladie. Non, ne disons pas cela, parce qu'on pourrait nous montrer dans l'état normal de l'homme une série non interrompue de faits analogues qui nous conduiraient par transitions insensibles, sans limites possibles à préciser, de la raison à la folie ou de la passion à la maladie, et notre diagnostic deviendrait alors singulièrement embarrassant. Mais examinons l'individu sous une autre face ; renversons les termes du problème à résoudre, et nous découvrirons alors des lumières nouvelles pour éclairer notre marche incertaine. Au lieu de prendre surtout en considération le fait le plus saillant qui frappe tous les regards, l'idée ou la passion dominantes qui semblent le point de départ unique des autres idées ou de la conduite chez l'individu que nous examinons; au lieu de fixer principalement notre attention sur l'acte qui lui est imputé et qui est soumis à notre appréciation; abandonnons ce point de vue étroit et exclusif pour envisager l'individu lui-même dans son ensemble, dans sa constitution physique et morale tout entière, dans son passé, son présent et son avenir. Faisons, en un mot, de l'observation médicale, comme nous la ferions pour un malade atteint de toute autre affection.

Cessons de disserter à perte de vue sur les limites flottantes et arbitraires qui peuvent séparer théoriquement le crime, la passion ou l'erreur de l'homme normal, des idées ou des sentiments maladifs de l'homme atteint de folie. Etudions cliniquement l'ensemble des phénomènes physiques et moraux qu'a présentés et que présente encore le malade que nous sommes appelés à juger; recueillons les témoignages; recherchons dans son passé, dans son histoire depuis plusieurs années, si nous ne pouvons remonter jusqu'à sa naissance et jusqu'à ses ascendants; faisons-nous rendre compte de ce qu'il a dit et fait longtemps avant le moment où nous avons à l'apprécier; interrogeons-le lui-même, faisons-le interroger par d'autres personnes dans le moment présent, et à l'aide de tous ces renseignements anciens et actuels, tâchons de reconstituer l'histoire entière de sa vie; faisons, en un mot, de l'observation complète, au lieu de nous borner à fixer notre attention sur le point unique qui nous est signalé, ou qui frappe de prime abord nos regards; comparons ensuite cet individu avec lui-même, avec ce qu'il était à d'autres périodes de son existence; comparons-le par la pensée, avec la conduite, les idées, les sentiments ou les actes habituels des hommes en général, dans les conditions où il a lui-même vécu. Jugeons-le avec le critérium du sens commun général, des idées régnantes de son temps, des habitudes ou des convenances sociales de son époque. Voyons si sa conduite est conforme au sens commun ou au bon sens général, et s'il n'a pas heurté de front et trop violemment toutes les idées communes, toutes les notions reçues, toutes les convenances générales, en un mot, le fonds commun qui constitue la raison générale de l'humanité ; car c'est dans cette appréciation de la raison commune, avec ses nombreuses variations et oscillations individuelles possibles, que réside le point de comparaison fondamental qui permet de différencier en dernière analyse la folie de la raison.

Mais soyons bien convaincus, surtout, que si la folie existe chez cet individu, elle ne consiste pas seulement dans une idée, dans un sentiment ou dans un acte, surgissant inopinément au milieu d'une intelligence saine d'ailleurs sous tous les autres rapports et dans un organisme dont toutes les fonctions s'exercent avec régularité. Soyons bien convaincus que celui chez lequel nous aurons découvert une particularité exceptionnelle qui nous a fait songer à la possibilité de la folie, présente en même temps ou a présenté à d'autres époques de son existence, d'autres symptômes plus complexes de dérangement physique et moral. Recherchons donc avec soin dans tous ses organes et dans toutes ses facultés intellectuelles et morales, et nous découvrirons de nombreux phénomènes maladifs, un ensemble de faits, et de plus, un ordre déterminé dans la succession de ces phénomènes, c'est-à-dire une marche, des périodes, en un mot, tout ce qui constitue réellement un état pathologique. Je me résume et je dis : Si nous voulons arriver à démontrer l'existence d'une maladie mentale chez un individu dont l'appréciation nous est soumise, cherchons chez lui des symptômes physiques, et nous en trouverons ; cherchons des symptômes psychiques multiples, dans l'ordre des sentiments, des facultés intellectuelles et des instincts, et nous en découvrirons ; cherchons enfin une marche ou une évolution pathologique, des périodes d'incubation, d'invasion, de rémission ou de paroxysmes, c'est-à-dire, des phénomènes variables en intensité et en nature selon les moments où l'on observe le malade, et soyons certains que ce dernier caractère lui-même ne nous fera pas défaut. C'est là le véritable critérium qui permet au médecin de diagnostiquer la folie avec une certitude bien autre que celle qu'il pourrait acquérir à l'aide des moyens fournis par les philosophes ou par les magistrats. *Une maladie mentale est un état pathologique constitué par des symptômes physiques, par des symptômes psychiques multiples et par une marche déterminée dans l'ordre de succession de ces symptómes* : tels sont les trois termes indispensables pour reconnaître la folie envisagée d'une manière générale, et pour la distinguer des états passionnels, ou de simples bizarreries de caractère compatibles avec l'état physiologique.

Mais un dernier pas nous reste encore à accomplir pour compléter ce diagnostic et lui donner une précision plus scientifique. Malheureusement ce complément du diagnostic n'est pas toujours possible dans l'état actuel de la science. Il exigera de nouvelles études, et c'est vers ce but que doivent tendre aujourd'hui tous nos efforts. Il consistera à pouvoir classer le fait particulier soumis à l'examen du médecin, dans une catégorie de faits analogues déjà connue dans la science, et dont la description sera acceptée par tous comme espèce ou variété distincte de maladie mentale. Le médecin pourra alors porter un véritable diagnostic médical qui sortira du domaine si vague des généralités pour reposer sur le terrain solide de l'observation clinique. Ce sera le même progrès qui a été accompli dans la médecine ordinaire, lorsqu'au lieu de se borner à constater chez un malade l'existence d'une affection du poumon, envisagée d'une manière générale, on est parvenu à diagnostiquer chez lui une pneumonie, une pleurésie ou des tubercules.

Dans beaucoup de circonstances déjà, nous pouvons procéder de la même façon en pathologie mentale. Nous reconnaissons, par exemple, un malade atteint de paralysie générale à divers degrés, de folie épileptique, de folie circulaire ou à double forme, de délire de persécution, etc., etc., et dans ces cas, le fait particulier que nous avons à examiner rentre facilement dans une catégorie déjà bien connue, décrite dans la science, et ayant des caractères vraiment typiques.

Eh bien ! c'est là le progrès qu'il faut chercher à réaliser pour les états de trouble mental réunis aujourd'hui si vaguement et si artificiellement sous les noms de folie morale, de folie raisonnante, de folie lucide, de folie instinctive ou de folie des actes.

Ces mots ne représentent, en effet, aucune idée nette, aucune forme bien déterminée de maladie mentale ; ils comprennent, sous une même dénomination et sans limite précise, les états les plus divers que nous devons chercher à séparer cliniquement pour les classer en un certain nombre de groupes distincts susceptibles d'une description scientifique.

Quelques-uns de ces groupes peuvent dès à présent être détachés de cette classe informe et mal déterminée, appelée folie morale ou folie raisonnante ; il en est d'autres, au contraire, dont les caractères symptomatiques précis et l'évolution pathologique nous échappent encore aujourd'hui et qui ne peuvent être appréciés par le médecin qu'à l'aide des moyens généraux du diagnostic de la folie que nous venons d'indiquer.

Exposer rapidement les variétés de folie raisonnante déjà connues cliniquement et signaler ensuite celles qui restent à découvrir, tel est le but que nous nous proposons dans la seconde partie de ce discours.

PARTIE PATHOLOGIQUE OU CLINIQUE.

La folie raisonnante, ou folie morale, telle qu'elle est aujourd'hui admise dans la pathologie mentale, en France et à l'étranger, existe-t-elle réellement comme forme distincte de maladie mentale, ou bien n'est-elle qu'une réunion artificielle et provisoire de faits disparates, appartenant à des catégories différentes? Telle est la question que nous devons nous poser actuellement et à laquelle l'observation clinique répond, selon nous, d'une façon péremptoire, en nous démontrant l'extrême variété des faits confondus aujourd'hui sous ce même nom, dont le sens est loin d'être nettement précisé.

Il suffit, en effet, de parcourir rapidement les observations réunies sous cette dénomination de folie morale, de folie raisonnante, ou de manie sans délire, par Pinel, Fodéré, Esquirol, Marc, Prichard, etc., pour se convaincre que l'on a confondu dans une même classe des états très-différents, qui mériteraient d'être séparés en plusieurs catégories distinctes, dans une classification vraiment naturelle. On constate la même confusion lorsqu'on examine dans un asile d'aliénés les divers malades signalés comme atteints de cette forme de maladie mentale.

Enfin, on éprouve la même impression en lisant les nombreuses observations publiées par M. Trélat dans son livre si intéressant sur la *Folie lucide*, livre plein de faits, et qui aura rendu à notre science spéciale le service éminent de mettre à la portée de tous, magistrats et philosophes, sous une forme saisissante et dans un ouvrage d'une lecture facile et agréable, une collection extrêmement précieuse de faits, rarement observés par le public, que les médecins spécialistes n'ignorent pas sans doute, mais qui sont loin d'être généralement connus et dont il importait beaucoup de répandre autant que possible la connaissance.

Or M. Trélat, tout en les réunissant dans ce livre sous le même titre de folie lucide, et en évitant de tenter une classification nouvelle parmi ces faits de divers ordres, reconnaît néanmoins lui-même qu'ils appartiennent à des catégories différentes, puisqu'il subdivise leur étude en plusieurs chapitres distincts, comprenant les monomanes, les maniaques, les idiots, etc., etc.

Tous les médecins nous semblent donc d'accord aujourd'hui pour reconnaître que la folie raisonnante ne peut être considérée ni comme une espèce, ni comme une variété spéciale de maladie mentale. Mais quelles sont les catégories naturelles de faits confondues actuellement sous ce nom ? Voilà ce qu'il convient maintenant de rechercher. Eh bien, nous pensons, pour notre part, que quelques-unes de ces catégories peuvent déjà être détachées, dans l'état actuel de la science, du groupe informe des folies morales ou folies raisonnantes, et qu'il en est d'autres, au contraire, dont l'étude reste encore à faire. Indiquons donc aussi rapidement que possible les diverses catégories de faits qui nous paraissent, dès à présent, susceptibles d'une description distincte et séparée.

I.

La première de ces catégories est celle à laquelle nous donnerons le nom d'*exaltation maniaque*, pour la distinguer à la fois de la manie proprement dite et des faits de folie morale rangés par Esquirol et plusieurs de ses élèves dans la monomanie raisonnante. Ce qui caractérise essentiellement cet état mental, c'est la surexcitation générale de toutes les facultés, l'activité exagérée et maladive de la sensibilité, de l'intelligence et de la volonté, ainsi que le désordre des actes, sans trouble considérable de l'intelligence et sans incohérence du langage. Ces malades, en effet, examinés superficiellement, ne semblent pas présenter de délire : leur langage paraît suivi et raisonnable ; ils étonnent même par l'activité et la fécondité de leurs idées, par leur esprit et par leur imagination pleine de ressources, mais ils frappent également par la violence de leurs sentiments et de leurs impulsions instinctives, ainsi que par le désordre et la bizarrerie de leurs actes.

Ces aliénés sont sans cesse en mouvement et ont une activité physique correspondante à leur activité intellectuelle et morale. Ils dorment peu, se lèvent la nuit pour se promener dans la campagne ; ils entreprennent des courses exagérées, des promenades, des voyages. Leur intelligence est comme en fermentation et conçoit mille entreprises, mille projets, souvent aussitôt abandonnés que conçus. Les idées pullulent dans leur esprit, et de cette production rapide des pensées résulte naturellement un certain désordre qui n'est pas comparable sans doute à l'incohérence de la manie, mais qui représente cependant une succession plus irrégulière d'idées qu'à l'état normal.

La mémoire est surexcitée comme les autres facultés. Les idées anciennes se présentent en foule à leur esprit et les malades s'étonnent eux-mêmes de la facilité avec laquelle ils retrouvent des souvenirs multipliés relatifs à des faits souvent insignifiants qu'ils croyaient depuis longtemps effacés de leur mémoire. Ils se rappellent de longues tirades des auteurs classiques qu'ils avaient apprises dans leur enfance et dont ils n'auraient pu retrouver que des fragments isolés avant leur maladie. Ils composent des discours, des poésies. Ils parlent et écrivent sans cesse et souvent avec une variété de termes et un bonheur d'expressions qu'ils n'auraient pas eus à l'état normal. Ils causent ainsi sans interruption et racontent des histoires interminables, et en même temps ils se livrent aux actes les plus bizarres et les plus excentriques. Sont-ils en liberté, ils passent leur temps à faire des visites, s'installent pendant des heures entières chez des parents, chez des amis, ou même chez des personnes qu'ils connaissent à peine, et s'imposent à elles, sans aucune gêne et sans aucun respect des convenances ni des usages sociaux.

Sous l'influence de l'exaltation qui les domine, ils sont devenus téméraires et entreprenants, souvent même insolents et grossiers. Ils prennent, avec les personnes qui les entourent, des libertés ou des familiarités qui leur étaient inconnues autrefois. Rien ne les choque ni ne les révolte dans leur propre conduite, dans leur manière d'être envers les autres hommes, et d'un autre côté, ils se blessent, avec une extrême facilité, pour les plus simples observations qu'on leur adresse. Ils veulent tout se permettre à l'égard des autres personnes et ne peuvent rien supporter d'elles. Ils sont, en un mot, susceptibles, irritables, colères, disposés à la discussion, aux contestations et même aux querelles pour les motifs les plus futiles. Leurs sentiments et leurs instincts se trouvent ainsi métamorphosés en même temps que leur intelligence est surexcitée. Ils sont devenus méchants, difficiles à vivre, disposés à nuire, à taquiner, à faire des niches, ou même à faire le mal. Leur langage reflète ces dispositions nouvelles de leur caractère; il devient mordant, et ils ont souvent des reparties vives et spirituelles mais ordinairement très-blessantes. Ils saisissent avec une extrême facilité les ridicules, les travers ou les défauts de ceux avec lesquels ils sont en relation et choisissent toujours les paroles qu'ils savent leur être les plus pénibles pour les leur jeter à la face. Ils inventent ainsi mille histoires, mille mensonges; ils collectionnent tous les faits qu'ils entendent raconter autour d'eux, et, passant avec habileté de la médisance à la calomnie, ils dépeignent les personnes avec lesquelles ils vivent sous les couleurs les plus fausses et les plus malveillantes, donnant à leurs récits mensongers ou singulièrement travestis, toutes les apparences de la vraisemblance. Ils parviennent ainsi à établir partout la guerre et le désordre autour d'eux, et à rendre toute vie de société impossible. Il faut avoir vécu avec de pareils malades pour se faire une juste idée des histoires infernales qu'ils sont capables d'inventer, du trouble et des luttes intestines qu'ils répandent dans leur entourage. En résumé, leurs sentiments et leurs instincts sont entièrement transformés par la maladie; des êtres auparavant doux et bienveillants deviennent violents, emportés, méchants, jaloux, vindicatifs, et sont souvent entraînés au mensonge, au vol et au cynisme en paroles et en actions. Ils acquièrent, en un mot, des défauts et des vices qui n'étaient pas dans leur nature première et qui rendent toute vie commune impossible avec eux.

Tel est en abrégé le tableau rapide de l'exaltation maniaque, à laquelle viennent quelquefois s'ajouter quelques conceptions délirantes déterminées, mais qui peut exister sans elles à l'état de simplicité. Cette situation mentale constitue l'une des variétés les plus fréquentes de ce que l'on est convenu d'appeler la folie morale ou folie raisonnante. On en trouve toujours plusieurs exemples dans chaque asile d'aliénés, mais elle est bien plus fréquente encore dans le monde, en dehors des asiles. C'est une des variétés les plus connues et les mieux décrites, parmi toutes celles qui sont comprises sous le nom générique de folie raisonnante. Mais ce qu'il importe surtout de savoir, ce qui ajoute un dernier trait à cette description et ce qui, plus que toute autre considération, est propre à convaincre les incrédules de la nature réellement pathologique de ces altérations du caractère et du moral, c'est un fait capital que l'observation de ces dernières années nous a appris sur l'évolution de cet état mental, à savoir, qu'il n'est le plus souvent, et l'on pourrait dire presque toujours, que l'une des phases d'une forme de maladie mentale plus complexe, c'est-à-dire un stade de la folie à double forme ou *folie circulaire*. On découvre presque toujours en effet, dans ces cas d'exaltation maniaque considérés comme des exemples de folie raisonnante, qu'après un temps plus ou moins long passé dans cette situation mentale, quelquefois même après plusieurs années, ces malades, qui ont fait le désespoir de leurs parents, le malheur de tout leur entourage, fréquemment aussi des asiles où ils ont été renfermés, qui ont suscité des procès, des ruines de famille, des ruptures entre des amis, des séparations entre les époux, des scandales intimes aboutissant jusqu'aux tribunaux ; que ces malades, dis-je, après avoir ainsi jeté le désordre dans leur propre vie, dans leur famille et dans la société, tombent brusquement ou peu à peu dans un état mental précisé-sément inverse. Ils deviennent tristes et abattus ; ils s'enferment dans leur domicile, abandonnent toute occupation, deviennent en un mot aussi inertes et aussi indolents qu'ils ont été actifs et agités. Cette période de prostration mélancolique se prolonge ainsi pendant longtemps, plus longtemps en général que la période d'exaltation ; elle peut même aboutir jusqu'à un état de demi-stupeur ; plus tard enfin apparaît encore une nouvelle exaltation maniaque semblable à la précédente. Ainsi se trouve complété le cercle maladif, dont la reproduction successive se perpétue presque toujours indéfiniment pendant toute l'existence de ces malheureux malades !

Eh bien, avoir ainsi rattaché cliniquement cet état d'exaltation maniaque simple, considéré comme une folie raisonnante, à une forme de maladie mentale mieux déterminée, mieux étudiée et dont la nature pathologique ne peut être contestée par personne, c'est avoir fait faire un véritable progrès à la pathologie mentale et en particulier à l'étude scientifique de la folie raisonnante. Au lieu de caractériser simplement ces faits par la méthode psychologique, on les range dans une espèce préalablement bien connue de maladie mentale, dans laquelle le cas particulier peut être facilement classé à côté de faits analogues déjà bien décrits. Or, c'est en continuant à substituer ainsi aux procédés psychologiques la méthode clinique que l'on pourra faire entrer l'étude de la folie raisonnante, comme celle des autres formes de la folie, dans une voie réellement scientifique.

II.

Un autre état qui doit également être décrit séparément et que l'on confond fréquemment sous le nom générique de folie raisonnante, c'est la *période d'exaltation* qui précède souvent de plusieurs années l'explosion de la *paralysie générale*, surtout dans la variété expansive. Cette période prodromique a été déjà étudiée avec soin par plusieurs auteurs, en particulier par M. Brierre de Boismont (1), et elle mérite au plus haut degré de fixer l'attention des observateurs, au point de vue nosologique comme sous le rapport médico-légal.

Quelques individus, prédisposés dès leur enfance à la paralysie générale, offrent en effet, pendant de longues années, les caractères spéciaux de cette période prodromique. D'autres, au contraire, ne les présentent que quelques années, ou même quelques mois avant l'explosion évidente de cette forme spéciale de maladie mentale. Ces futurs paralytiques mènent ordinairement une vie vagabonde, aventureuse et très-agitée. Ils ont une activité démesurée de corps et d'esprit, qui se manifeste non-seulement dans leur langage et dans leurs écrits, mais surtout dans leur conduite. Ils entreprennent le plus souvent de grandes affaires, fréquemment aussi des affaires d'une nature différente ; ils font des projets variés qu'ils cherchent à exécuter immédiatement, ou bien qu'ils abandonnent peu de temps après pour de nouvelles entreprises.

(1) *Annales d'hygiène et de médecine légale*, t. XIV, 2e série, p. 405, 1860.

Ces malades offrent presque tous une exaltation extraordinaire de toutes les facultés.

Leur sensibilité présente les plus grands contrastes, selon les moments où on les observe. Généralement doux et bienveillants par nature, ils sont sujets à des accès d'irritabilité, de colère ou même de violence, qui sont en opposition flagrante avec leur bonté habituelle : un rien les irrite ou les contrarie. Ceux qui vivent habituellement avec eux les considèrent comme fantasques et difficiles à vivre ; les étrangers, au contraire, qui ne les voient qu'en passant et ne sont pas témoins de leurs scènes intérieures, ne constatent chez eux que la bienveillance et la facilité de caractère. Quelquefois cependant ils se laissent aller inopinément à des scènes publiques ; ils font des sorties ridicules et inattendues, querellent le premier venu pour des motifs futiles, donnent un soufflet et se battent en duel, manifestent en un mot une susceptibilité tout à fait maladive, à l'occasion d'un fait insignifiant, qui eût passé inaperçu pour toute autre personne et pour eux-mêmes avant leur maladie. Ces malades offrent de grandes inégalités dans leurs sentiments, selon les circonstances. Ils restent froids en présence d'une circonstance grave et importante de leur vie, en face de la mort d'une personne aimée, et s'émotionnent, au contraire, jusqu'aux larmes pour des motifs sans valeur. Leur sensibilité s'exalte tout à coup, monte brusquement à un diapason très-élevé de tristesse ou de gaieté, et oscille avec une extrême rapidité de l'amour à la haine, et de la sympathie à l'antipathie ; mais cette explosion subite de tristesse ou de gaieté n'a ni profondeur ni durée, et disparaît bientôt de leur âme, pour faire place à une disposition inverse, ou bien à une véritable indifférence. Ils passent ainsi rapidement des manifestations de la joie la plus vive à des accès de sensibilité qui leur arrachent des larmes, ou bien à des colères violentes, dans lesquelles ils brisent les objets qui leur tombent sous la main, poussent des cris et se roulent par terre, accès de colère analogues à ceux de certains enfants, des épileptiques et de quelques femmes hystériques ; mais ces colères sont passagères, et une fois disparues, il reste à peine dans l'esprit de ces malades quelques traces de ces mouvements tumultueux des passions, aussi vite oubliés qu'ils ont été produits.

L'intelligence, chez ces paralytiques au début, est surexcitée comme le moral. Ils acquièrent des aptitudes qu'on ne leur connaissait pas, et qu'ils ne se connaissaient pas eux-mêmes. Leur mémoire avivée reproduit avec vivacité les souvenirs de leur enfance et même les faits récents qui se passent autour d'eux, ou dans leur for intérieur. Ils conçoivent avec plus de facilité qu'autrefois des idées assez complexes, et leur intelligence, à la fois plus active et plus féconde, est dans une véritable fermentation d'idées, dont quelques-unes sont absurdes et irréalisables, mais dont les autres peuvent être utiles et applicables. Aussi a-t-on vu des malades, dans ces conditions de surexcitation pathologique, inventer des procédés nouveaux, des combinaisons nouvelles, se faire remarquer, en un mot, dans la direction spéciale à laquelle ils ont consacré leurs efforts, par des inventions ou des ressources d'esprit dont ils n'auraient pas été capables avant leur maladie. Dans le commerce par exemple, on voit assez fréquemment des individus appartenant à cette catégorie faire prospérer leur industrie et même faire fortune, dans cette période prodromique de la paralysie générale, par des spéculations hasardées, des combinaisons heureuses ou des témérités aventureuses, qu'un homme raisonnable, placé dans leur position, n'oserait jamais réaliser. Leur imagination en travail conçoit ainsi les idées les plus variées : achats nombreux, voyages lointains, projets de mariage, entreprises considérables, toutes ces idées circulent dans leur esprit et y restent à l'état de désir, ou bien les poussent à l'action ; car, à cette période de la maladie, ces projets, quoique souvent exagérés et peu en rapport avec la position des malades, restent néanmoins encore dans la sphère des choses possibles et réalisables. Mais pour compléter ce tableau, il importe d'ajouter qu'au milieu de cette grande activité, et même de cette fécondité des facultés intellectuelles, l'observateur attentif commence déjà à constater chez eux quelques absences momentanées de mémoire ou d'intelligence, de véritables lacunes dans leurs conceptions, en un mot des traces non contestables de démence commençante, qui sont comme la marque caractéristique de cette espèce de maladie mentale, même dès ses premiers débuts.

La volonté est ordinairement active et entreprenante. Ces malades passent rapidement à l'action ; ils veulent accomplir immédiatement leurs projets, et, s'ils ne rencontrent pas d'obstacles, ils peuvent arriver au but qu'ils se sont proposé : mais la persévérance manque à leur activité, et si le temps est nécessaire pour la réalisation d'une idée, ils l'abandonnent bientôt pour en poursuivre une autre. Aussi, malgré leur confiance en eux-mêmes, leurs fanfaronnades et même leurs menaces, ils sont le plus souvent faibles de caractère et faciles à diriger comme des enfants, pour peu qu'on ne cherche pas à les heurter de front, et ceux qui les connaissent parviennent ordinairement à faire fléchir leur volonté, même sur les points où ils paraissaient le plus inébranlables.

Cette faiblesse radicale de la volonté, unie à un grand désir de réaliser immédiatement les idées qu'ils ont conçues, se reflète dans leur conduite et dans tous leurs actes. Ils ont une activité physique exubérante, en rapport avec la circulation rapide de leurs pensées : ils ne peuvent rester en place, ni s'astreindre à aucune occupation sédentaire, et sont comme agités d'un besoin de mouvement fébrile. Ils vont et viennent pour donner des ordres ou en surveiller l'exécution, se livrent parallèlement à plusieurs genres de travaux qu'ils veulent mener de front, écrivent des lettres, font des visites, changent de domicile, renvoient leurs domestiques, vont dîner en ville, au spectacle ou en soirées, font des invitations, entreprennent des voyages, se mêlent des affaires des autres en même temps que des leurs, deviennent exigeants, impérieux et despotes avec ceux qui sont sous leur dépendance, et veulent les forcer à certains actes qui leur répugnent ou à une manière de vivre qui leur déplaît. Quant à eux, ils changent tout leur mode d'existence ; ils abandonnent leur vie régulière pour une existence vagabonde et aventureuse ; ils cessent de rentrer chez eux à l'heure accoutumée, s'absentent même pendant plusieurs jours et fréquentent de mauvaises sociétés ; d'économes, ils deviennent prodigues, et de rangés dissipateurs ; ils ne supportent aucune contradiction, aucun reproche, malmènent ceux qui se permettent de leur faire des observations, et, après des scènes d'irritation et de colère, ils arrivent jusqu'à la violence. Ils travaillent d'une manière exagérée, sans en éprouver de fatigue, suffisent à la fois au travail et au plaisir, et se livrent à des excès auxquels leur constitution n'était pas habituée et qu'elle n'aurait jamais pu supporter autrefois. Ayant con-

science de l'augmentation de leurs forces physiques et intellectuelles, et pleins du sentiment de bien-être qui déborde, ils se
réjouissent de cette transformation favorable de leur personnalité et
ils s'en vantent auprès des personnes avec lesquelles ils se trouvent
en rapport. Ils deviennent ainsi vaniteux et pleins d'orgueil, de
réservés, modestes et circonspects qu'ils étaient souvent autrefois ;
ils déclarent qu'ils ne se sont jamais aussi bien portés, et exaltent
leurs forces physiques et morales ; ils croient même avoir acquis
des talents nouveaux, et se disent chanteurs, poëtes ou musiciens,
sans arriver pourtant jusqu'à sortir du domaine des choses possibles
pour entrer dans le monde imaginaire où se déploiera plus tard leur
délire des grandeurs.

Pour terminer ce tableau de l'état d'exaltation mentale prodromique de la paralysie générale, il importe d'ajouter que les actes
de ces malades sont souvent étranges, bizarres, contraires à toutes
leurs habitudes antérieures, et peuvent même arriver jusqu'à constituer de véritables délits ou des actes réputés criminels.

Leurs sentiments moraux étant pervertis et ces malades n'étant
plus arrêtés par aucune considération, par aucun contrepoids, ils
s'abandonnent sans aucune retenue à toutes leurs impulsions, et ne
respectent plus ni usages, ni décence, ni convenances sociales.
Ainsi ils se déboutonnent ou se déshabillent en public, sont né-
gligés dans leur mise et sans gêne aucune dans leurs propos ; souvent même leur langage devient inconvenant et grossier ; ils jurent
et emploient des mots vulgaires qui ne leur étaient pas habituels ;
ils maltraitent ou brutalisent leurs femmes et leurs enfants et se
livrent parfois en public à des actes érotiques ou obscènes qui
peuvent les amener devant les tribunaux ; car, à cette période de
la maladie, le sens génital est surexcité avec une grande énergie
chez l'homme et chez la femme. Sont-ils dans les affaires, il leur
arrive fréquemment aussi de se laisser aller à des actes d'impro-
bité ; ils font des faux ou des vols, qui les conduisent quelquefois
devant la justice, alors qu'aucun acte public n'avait encore trahi
chez eux l'existence d'une perversion maladive des sentiments
et des penchants, à peine appréciable pour ceux qui vivaient avec
eux. Appartiennent-ils aux classes inférieures de la société, les
mêmes délits, les mêmes actes considérés comme criminels, se

produisent chez eux sous une autre forme. On voit en effet, très-souvent, dans cette même période prodromique, des individus arrêtés pour des actes obscènes commis en public, pour des vols accomplis sans précaution et sans réflexion à la devanture d'une boutique ou dans un magasin, ou bien on les prend en flagrant délit de vagabondage et de rébellion envers les agents de la force publique. C'est presque toujours pour des actes de ce genre que sont arrêtés, à Paris surtout, les malades atteints de paralysie générale au début, et qui souvent offraient, depuis longtemps déjà, les signes précurseurs de la période prodromique dont nous venons d'esquisser rapidement les principaux traits.

III.

Une troisième catégorie de faits comprise fréquemment aussi sous le nom de folie morale ou de folie raisonnante, est celle que l'on peut désigner avec raison par la dénomination de *folie hystérique*. Sans doute, on peut se demander s'il existe réellement une espèce de maladie mentale méritant spécialement ce nom. Quelques auteurs modernes, parmi lesquels nous citerons principalement M. Morel et ses élèves (MM. Bulart et Lachaux), donnant, selon nous, à cette expression une trop grande extension, ont compris dans sa description des états très-divers, et l'ont presque fait synonyme de la folie étudiée chez la femme en général. Nous pensons néanmoins qu'il est possible d'éviter cette exagération et d'arriver, par l'observation clinique, à reconnaître l'existence de symptômes intellectuels et moraux spéciaux en rapport avec la névrose hystérique, comme M. Moreau (de Tours) a cherché à le faire récemment dans des articles publiés dans l'*Union médicale*, et comme M. Morel et moi nous l'avons déjà tenté pour les troubles intellectuels liés à l'épilepsie. Ce sera là, selon nous, un véritable progrès pour la pathologie mentale et pour l'histoire de la folie raisonnante en particulier ; car les folies hystériques vraies constituent une des variétés les plus communes de la folie morale.

Pour étudier cliniquement cette variété de maladie mentale, il faut commencer par bien distinguer ce qu'on peut appeler le caractère hystérique de la folie hystérique proprement dite.

Tous les médecins qui ont observé beaucoup de femmes atteintes d'hystérie, tous ceux qui ont eu le malheur de vivre avec elles d'une vie commune, savent parfaitement qu'elles ont toutes, dans le caractère et dans l'intelligence, une physionomie morale qui leur est propre et qui permet de reconnaître chez elles l'existence de cette maladie, même avant d'en avoir constaté les symptômes physiques. Seulement, la plupart des médecins non aliénistes ne veulent voir dans ces anomalies de l'intelligence et du moral chez les hystériques que des bizarreries ou des singularités compatibles avec l'état physiologique de la femme en général, et comme ils n'ont pas eu l'occasion d'observer les cas extrêmes, dans lesquels ces altérations du caractère arrivent jusqu'au degré d'une véritable aliénation, ils sont en général disposés à contester la réalité d'une folie hystérique. Pour bien comprendre les symptômes de cette espèce de maladie mentale, il convient d'abord d'énumérer rapidement les signes qui constituent le caractère de la plupart des hystériques, parce qu'ils représentent en diminutif les traits principaux de la folie hystérique pleinement confirmée.

Le premier trait du caractère propre aux hystériques, c'est d'abord la grande mobilité de toutes leurs dispositions psychiques, selon le moment où on les observe. Elles passent alternativement, et à des intervalles très-rapprochés, de l'excitation à la dépression, comme, au physique, elles passent tout à coup d'une crise de rire à une crise de larmes. Elles s'enthousiasment avec ardeur, avec passion, pour une personne ou un objet qu'elles veulent posséder à tout prix ; elles ne reculent devant aucun effort, devant aucun sacrifice pour arriver à leur but, et quand elles l'ont obtenu, quelquefois même avant de l'avoir atteint, elles passent brusquement d'un extrême à l'autre ; leur amour se transforme en haine, leur sympathie en antipathie, leur désir en répulsion, et elles mettent alors autant d'énergie à fuir, à éviter ou à repousser l'objet poursuivi qu'elles en avaient mis d'abord à le rechercher. Elles sont ainsi, en toutes choses, fantasques et capricieuses, et présentent une extrême mobilité d'idées et de sentiments.

Leur sensibilité offre les plus étonnants contrastes. Ces malades restent souvent sans émotion en présence des grands sentiments qui agitent habituellement l'âme humaine ; elles demeurent froides en face des plus grandes douleurs et, d'un autre côté, elles sont bouleversées jusqu'au point d'éprouver des crises nerveuses, sous l'influence de simples contrariétés ! Ce mot magique, qui n'a pas son analogue dans le vocabulaire des sentiments humains et qu'elles emploient avec prédilection, résume à lui seul toute la vie émotive des hystériques et représente le mobile de toutes leurs actions. A chaque instant, elles se plaignent de ressentir des contrariétés et elles réagissent avec violence contre les personnes ou les circonstances auxquelles elles les attribuent ; il n'est pas d'efforts ni de sacrifices qu'elles ne consentent à faire pour éviter ce désagrément, qui est pour elles le pire de tous les maux, et la crainte d'avoir une contrariété est si puissante chez elles, qu'elle paralyse leurs meilleures intentions et les empêche d'accomplir les actions les plus utiles ou les devoirs les plus impérieux.

Un autre trait également important du caractère des hystériques, c'est l'esprit de contradiction et de controverse. Il suffit qu'on leur demande une concession quelconque pour qu'elles la refusent immédiatement ; elles s'obstinent ainsi dans la résistance en paroles et en actions, et ni les supplications, ni les tortures et les supplices, ne peuvent parvenir à les faire céder. L'obstination et la résistance passive prennent alors chez elles un caractère vraiment maladif ; aucune raison, aucun sentiment, ne peuvent contre-balancer cette puissance d'inertie négative qui contraste singulièrement par sa persistance avec la mobilité habituelle de leurs sentiments et de leurs idées.

Un autre fait principal, essentiellement caractéristique chez les hystériques, c'est l'esprit de duplicité et de mensonge. Ces malades sont de véritables comédiennes ; elles n'ont pas de plus grand plaisir que de tromper et d'induire en erreur de toutes les façons les personnes avec lesquelles elles se trouvent en rapport. Les hystériques, qui exagèrent jusqu'à leurs mouvements convulsifs (lesquels sont souvent en partie simulés), travestissent et exagèrent également tous les mouvements de leur âme, toutes leurs idées et tous leurs actes. Elles affichent à chaque instant des sentiments qu'elles n'ont pas ; elles jouent la douleur comme la gaieté, l'amour comme la haine. Elles affectent la sympathie la plus vive pour les personnes qu'elles détestent cordialement et auxquelles elles cherchent à nuire par tous les moyens; elles aiment à méditer des projets de vengeance, à combiner des tours infâmes, des machinations infernales, des calomnies destinées à ruiner la réputation des personnes auxquelles elles prodiguent les témoignages de l'affection la plus vive et la plus hypocrite ; elles inventent mille ruses, mille histoires mensongères. Elles composent de véritables romans, dans lesquels elles intercalent souvent avec art et d'une façon inextricable le vrai et le faux, de manière à tromper les plus clairvoyants. En un mot, la vie des hystériques n'est qu'un perpétuel mensonge ; elles affectent des airs de piété et de dévotion, et parviennent à se faire passer pour des saintes, alors qu'elles s'abandonnent en secret aux actions les plus honteuses, alors qu'elles font, dans leur intérieur, à leur mari et à leurs enfants, les scènes les plus violentes, dans lesquelles elles tiennent des propos grossiers et quelquefois obscènes, et se livrent aux actes les plus désordonnés, pour reprendre ensuite, en public, leurs airs de réserve, de modestie et de décence affectées !

Un dernier trait également caractéristique et propre aux hystériques, c'est la rapidité et même l'instantanéité de production des idées, des impulsions et des actes. Ces malades ne mûrissent pas longtemps un projet ; les idées n'ont pas chez elles une longue incubation, mais une éclosion subite : elles paraissent et disparaissent subitement, comme dans un changement à vue. Une conception s'empare de leur intelligence, s'y fixe momentanément et s'évanouit ensuite avec la même promptitude qui a présidé à sa naissance. C'est comme une plante parasite, déposée à la surface de l'esprit et qui ne peut y germer et s'y développer, parce que le terrain n'a pas été préparé pour la recevoir. Aussi n'y pousse-t-elle pas de profondes racines et est-elle emportée brusquement par le premier souffle du vent, pour faire place à une autre idée qui s'envole plus tard à son tour. Il en est de même des actes. Les hystériques s'abandonnent instantanément aux impulsions qui surgissent spontanément chez elles, sans cause connue et sans réflexion préalable. Sous l'influence de ces impulsions non motivées et auxquelles elles ne songent même pas à résister, elles arrivent immédiatement à l'action, à moins qu'un motif puissant ne vienne tout à coup les arrêter au moment du passage à l'acte ; car ces impulsions, quoi-

que assez impérieuses et agréables à satisfaire, ne sont pourtant pas
irrésistibles, et les malades peuvent ou s'y abandonner, ou y résister, selon leur caprice. Ainsi, par exemple, elles éprouvent de
fréquentes impatiences, des mouvements subits d'irritation et de
colère : elles s'emportent alors en paroles et en actions contre
les personnes présentes; elles disent des injures ou des paroles
grossières, se portent instantanément à des actes violents et ordinairement bruyants, frappent du pied la terre, renversent un
meuble ou un objet quelconque qui leur tombe sous la main, déchi-
rent leur mouchoir ou une portion de leurs vêtements, donnent un
soufflet, crachent au visage, rejettent ou brisent tout ce qui se
trouve autour d'elles, poussent des cris perçants, se roulent par
terre, cherchent en un mot à déchirer, à casser ou à détruire tous
les objets qui sont à leur portée.

Enfin, les hystériques sont généralement romanesques et rê-
veuses, disposées à laisser prédominer les fantaisies de leur imagination sur les besoins et les nécessités de la vie réelle ; elles ont
fréquemment aussi des tendances érotiques prononcées, quoique
l'on ait beaucoup exagéré cette disposition ordinaire de leur nature ; car elles sont plus souvent coquettes et vaniteuses, que vraiment ardentes et passionnées.

Tels sont les principaux caractères intellectuels et moraux observés habituellement chez les femmes présentant tous les signes physiques de l'hystérie, qui sont réellement affectées de cette névrose
complexe et non pas seulement de quelques-uns de ses symptômes.

Mais tant que ces manifestations psychiques se maintiennent dans
les limites que nous venons d'indiquer, c'est-à-dire dans les
bornes d'un caractère normal, on doit sans doute les rattacher
à un état pathologique, la névrose hystérique, mais on ne peut,
sans exagération, les considérer comme constituant une véritable folie, entraînant l'irresponsabilité civile et criminelle et la
séquestration dans un asile d'aliénés. C'est là une maladie nerveuse
et non une folie. On peut bien trouver, dans l'existence de cette
névrose et des altérations de caractère qui en résultent, une circonstance atténuante pour certains actes accomplis par ces malades
sous leur influence, mais on ne peut y découvrir un motif valable
pour une exonération complète.

Mais entre ce caractère en quelque sorte normal des femmes hystériques et la manie hystérique proprement dite, avec délire général, trouble considérable de l'intelligence et désordre extrême des actes, constituant un véritable accès de manie, et observée dans les asiles d'aliénés, il existe un troisième état mental, lié également à l'hystérie, que l'on peut désigner provisoirement par le mot de *folie raisonnante des hystériques*, et qui participe à la fois des symptômes des deux autres états. Cette situation mentale représente par rapport à l'hystérie, ce qu'est, dans l'épilepsie, le trouble mental que j'ai appelé le *petit mal intellectuel*, état intermédiaire entre le caractère habituel des épileptiques, dans l'intervalle de leurs attaques, et les grands accès de manie épileptique avec fureur.

Les malades atteintes de l'état que nous appellerons *folie raisonnante des hystériques*, présentent dans leur moral, dans leur intelligence et dans leur conduite, la plupart des traits que nous venons d'assigner au caractère habituel des femmes hystériques; seulement ces signes ont acquis de telles proportions et sont tellement accusés, les sentiments ont revêtu un caractère si évidemment maladif, les idées sont devenues si absurdes, les actes si violents et si déraisonnables, que tous ces symptômes ne peuvent plus être considérés comme compatibles avec la raison, et constituent dès lors, par leur réunion et leur intensité, une véritable affection mentale. Les manifestations de cette maladie sont souvent très-difficiles à saisir ; elles ne sont pas toujours appréciables pour le public; elles peuvent même être contestées par la foule et ne sont malheureusement très-évidentes que dans la vie intime, au centre du foyer domestique. Il faut avoir reçu les confidences lamentables des maris de ces femmes hystériques pour pouvoir se faire une juste idée du genre d'existence que mènent ces malades, des idées absurdes qui germent dans leur intelligence, des monstruosités qu'elles présentent dans leurs sentiments, et des énormités dont elles sont capables dans leurs actes, tout en conservant publiquement les apparences de la raison et en jouant leur rôle de femmes réservées, douces et bienveillantes, de façon à induire complétement en erreur les observateurs les plus exercés.

Toutes les passions sont surexcitées, en même temps ou l'une après l'autre, chez de pareilles malades, qui éprouvent le besoin impérieux de les satisfaire, et ne reculent devant aucun obstacle pour arriver à leur but. Les unes, dominées par des idées ou des impulsions érotiques, et ne trouvant pas dans leur mari les satisfactions qu'elles recherchent, deviennent provocantes, ne s'arrêtent devant aucune difficulté pour se livrer au premier venu, souvent même, malgré leur éducation et leur position sociale, descendent jusqu'aux degrés extrêmes de l'abaissement moral et ne craignent pas de tomber dans la débauche et dans l'orgie. Les autres, mues par un sentiment de jalousie tout à fait déraisonnable et auquel leur mari n'a pas fourni de prétexte plausible, le poursuivent incessamment de leurs inquisitions, de leurs défiances et de leurs soupçons, et empoisonnent son existence par des scènes intimes de la plus grande violence, ou par une tyrannie de détail qui le tient enchaîné et lui enlève toute liberté d'action. Passant ensuite successivement de la surveillance inquiète à la menace et aux actes violents, elles arrivent quelquefois jusqu'à rendre le public témoin de ces scènes intérieures.

D'autres enfin ne se contentent pas de tyranniser leur mari dans leur intérieur; elles conçoivent contre lui ou contre des étrangers des projets de vengeance dont elles poursuivent l'exécution avec toutes les ressources d'une intelligence avivée et avec l'énergie persévérante d'une volonté que rien ne lasse ni ne rebute.

Si l'on se borne à étudier ainsi ces malades par le côté du caractère, si l'on ne considère que l'exaltation des sentiments et des penchants, on peut ne voir dans cet état mental qu'une exagération des passions naturelles à l'humanité: on peut croire que l'on a affaire simplement à des femmes jalouses, méchantes et passionnées. On peut ne trouver chez elles que des êtres repoussants, monstrueux ou criminels, et non des malades. Il n'est pas possible, en effet, de faire reposer la maladie sur une simple différence de degré, surtout alors que nous ne possédons aucun moyen certain de mesurer l'intensité des passions humaines, ni aucune limite précise entre le degré d'exaltation des sentiments et des penchants compatible avec l'état physiologique et celui qu'on doit regarder comme pathologique. Mais c'est ici précisément que le critérium indiqué précédemment doit nous servir de guide pour distinguer, dans ces cas difficiles de perversion du caractère chez les hystériques, les faits physiologiques de ceux qui appartiennent réellement au domaine de la folie. Chez les aliénées hystériques, en effet, indépendamment des mauvais sentiments ou des penchants violents, exaltés jusqu'au délire et parvenus à un degré d'intensité qui dépasse les limites de l'état normal, nous pouvons arriver, par une étude attentive, à découvrir d'autres symptômes morbides, dans la sphère de l'intelligence, de la volonté et des actes, et ces symptômes peuvent nous servir à compléter le tableau de la maladie et démontrer ainsi à tous d'une manière incontestable ce que l'examen exclusif des sentiments ou des penchants exaltés nous avait seulement permis de soupçonner. A côté des passions surexcitées, dont les manifestations violentes avaient seules frappé nos regards et dont le caractère maladif pouvait être douteux, nous constatons chez ces hystériques des idées extraordinaires et souvent absurdes, des désirs bizarres, des goûts dépravés, des instincts pervers, dont les malades elles-mêmes ressentent quelquefois de la honte ou du dégoût, et qui sont contraires à toutes leurs habitudes antérieures; nous constatons enfin des actes excentriques, étranges, insolites ou malpropres. Ces malades, par exemple, boivent leur urine, mangent de la terre, se déshabillent ou restent toutes nues dans leur intérieur, négligent leur toilette, refusent de se laver, sont d'une malpropreté révoltante et deviennent d'une avarice sordide ou d'une prodigalité insensée; quelques-unes même, comme la malade dont parle M. Trélat (dans son livre sur la folie lucide), vont jusqu'à collectionner dans de petits papiers les matières les plus dégoûtantes, ou se livrent en secret à d'autres actes également bizarres, ridicules, et qu'aucun motif raisonnable ne peut expliquer. De plus, ces hystériques conçoivent souvent tout à coup des idées étranges ou souverainement absurdes, qui surgissent spontanément dans leur esprit, qui s'y fixent temporairement avec une véritable ténacité, dont elles apprécient quelquefois la nature maladive, mais auxquelles elles ne peuvent refuser créance, qu'elles renferment en elles-mêmes et qu'elles n'avouent que par hasard, dans un moment d'épanchement, parce qu'elles en éprouvent de la honte, sans pouvoir pourtant s'en défendre ni s'en débarrasser.

En un mot, en cherchant avec persévérance, l'observateur attentif parvient à découvrir chez ces malades un ensemble de symptômes maladifs physiques et moraux, qui lui permettent d'asseoir son diagnostic sur une base solide, et de porter dans tous les esprits la conviction que ces femmes hystériques sont réellement des aliénées, malgré les apparences de raison qu'elles conservent en présence du monde et quoique cet état de folie n'ait ses manifestations nombreuses et incontestables que dans le cercle restreint de la vie intime, dans le foyer domestique, ou même dans le for intérieur de la malade elle-même !

IV.

Il est une variété de la mélancolie à laquelle nous donnerons, pour la distinguer des états analogues, le nom d'*hypochondrie morale, avec conscience de son état*, et qui figure souvent aussi dans le cadre de la folie raisonnante, parce que l'altération des sentiments et les impulsions involontaires la caractérisent plutôt que le trouble de l'intelligence.

Ces malades présentent d'abord le fond commun de la mélancolie : ils ont une anxiété vague et indéterminée, une disposition générale à tout voir en noir, en eux-mêmes et dans le monde extérieur, et une grande prostration des forces physiques et intellectuelles. Tout leur paraît décoloré et sans attrait; ils sont profondément découragés, et souvent même la vie leur est à charge. Ils sont, au moral, ce que les hypochondriaques sont au physique. Ayant parfaitement conscience de leur état, ils s'en affligent et s'en alarment, et en exagèrent même tous les symptômes. Ils sentent que tout est changé en eux et au dehors, et se désolent de ne plus apercevoir les choses à travers le même prisme qu'autrefois. Ils ont honte, ou même horreur de leur propre personne, et se désespèrent en songeant qu'ils ne pourront jamais retrouver leurs facultés perdues. Se croyant atteints d'une maladie incurable, contre laquelle on ne peut rien, ils regrettent leur intelligence évanouie, leurs sentiments éteints, leur énergie disparue : ils ont peur de devenir complétement aliénés et de tomber dans la démence et dans l'idiotisme. Devenus insensibles et indifférents à tout, ils prétendent qu'ils n'ont plus de cœur, plus d'affection pour leurs parents et leurs amis, ni même pour leurs enfants. La mort de leurs

proches ou des personnes anciennement aimées les laisse sans
émotion ; ils ne peuvent plus pleurer, disent-ils, et n'ont de sensibilité que pour leur propre malheur. Profondément égoïstes,
ils abusent de la bonté de tous ceux qui les entourent, et ils déplo-
rent eux-mêmes cet égoïsme sans parvenir cependant à faire
renaître en eux les bons sentiments.

La volonté est aussi impuissante chez eux que la sensibilité est
émoussée. Ils veulent et ils ne veulent pas. Ils se sentent poussés
à agir, mais ils n'ont la force de se décider à rien. Ils sont, en un
mot, sans initiative et sans énergie, et restent le plus souvent dans
l'immobilité, faute de mobiles d'action.

Leur intelligence n'est pas aussi troublée que celle d'autres mélancoliques ayant, avec le même fond de tristesse, des conceptions
délirantes de ruine, de culpabilité, de damnation, d'humilité ou de
persécution. Ils ont sans doute la peur de faire du mal, la crainte de la
mort ou de la folie, mais ce n'est pas par les idées délirantes que
leur état mental est surtout caractérisé. Ils présentent seulement du
vague et de la confusion dans les idées et une certaine lenteur dans
les conceptions. Ils accusent eux-mêmes un grand vide dans leur
intelligence, qui a perdu de son activité pour les sujets étrangers à
leur propre personne, ou à leur santé morale. Ils sont incapables
de lire et de s'occuper intellectuellement ; le moindre travail les fatigue ; suivre une conversation, écrire une lettre, leur devient difficile : absorbés et distraits, ils ne peuvent que répéter mentalement
ou de vive voix les mêmes idées tristes, ne parlent que d'eux-mêmes
et ne prêtent qu'une faible attention aux choses du monde extérieur.

Mais c'est surtout par le côté émotif que se caractérise cet état
mental. Sous l'empire d'un sentiment de crainte indéterminé, ces
aliénés ressentent des émotions involontaires et des terreurs instinctives, pendant le jour et pendant la nuit. Il leur semble qu'ils vont
éprouver un grand malheur, qu'ils sont menacés, eux et leurs familles, d'une catastrophe ou d'un événement inattendu. Enfin, ils
ont des impulsions instinctives à faire ou à dire du mal, à
proférer des paroles injurieuses ou obscènes, ou bien à se faire du
mal à eux-mêmes, à se jeter par la fenêtre ou dans la rivière. Il se
produit alors chez ces mélancoliques un phénomène psychologique très-singulier, mais qui a son analogue dans l'état normal : il

consiste à se sentir à la fois repoussé et attiré par une idée ou par une action, de même que cela a lieu souvent pour un précipice, lorsqu'on est placé sur le sommet d'une montagne ou sur une tour élevée. C'est, en effet, une loi de l'esprit humain que les contraires s'attirent comme les semblables. Par cela même que ces malades ont la crainte d'être poussés malgré eux à faire du mal et qu'ils songent constamment à l'objet de leur crainte, ils s'y sentent comme invinciblement attirés.

Le même fait se produit souvent à l'état physiologique. Plus on cherche à écarter une idée, plus elle s'impose involontairement à l'esprit ; plus on s'efforce d'étouffer un sentiment ou un penchant naturel, plus il tend à se développer avec énergie. Ainsi les idées érotiques affligent surtout ceux qui veulent se plonger dans la contemplation religieuse et dans les moments de la plus grande ferveur. De même aussi les idées grotesques et ridicules s'offrent souvent à l'esprit dans les instants les plus sérieux de l'existence ! Eh bien, ces mélancoliques éprouvent des impulsions involontaires au suicide, à l'homicide, à commettre des actes violents ou à prononcer des paroles inconvenantes, et ces impulsions se produisent surtout chez eux dans les moments où ils les redoutent le plus. C'est, par exemple, à la vue d'un couteau ou d'un autre instrument quelconque qu'ils ressentent à la fois et la crainte d'être poussés instinctivement à s'en servir et le désir très-vif de s'en emparer, pour le diriger contre eux-mêmes ou contre les personnes qu'ils affectionnent le plus. Aussi, dans la peur de succomber à la tentation, demandent-ils avec instance qu'on éloigne d'eux l'objet qui les attire ou qu'on les maintienne eux-mêmes pour les empêcher d'accomplir l'action qu'ils redoutent. Il en est de même pour la vue d'une rivière ou d'une fenêtre ouverte. Un fait pathologique analogue s'observe aussi chez quelques individus qui, en se rasant, ont peur d'être poussés involontairement à se couper la gorge.

Ces situations maladives offrent sans doute des degrés très-nombreux, et ressemblent par plusieurs côtés aux états mélancoliques ordinaires ; mais elles en diffèrent par des caractères assez importants pour mériter d'être décrites séparément, comme variété spéciale. Ces états présentent, du reste, tant d'apparences de raison que les individus qui en sont affectés sont souvent considérés comme atteints de folie raisonnante et non de mélancolie, et que leur état de folie peut même paraître douteux.

Disons enfin, pour terminer cette description rapide, que cette maladie revêt le plus souvent la forme intermittente; qu'elle se reproduit ordinairement plusieurs fois, sous forme d'accès, dans la vie d'un même malade; qu'elle est fréquemment héréditaire et liée à d'autres maladies nerveuses; enfin qu'elle s'accompagne presque toujours de signes physiques, tels qu'anesthésies et hyperesthésies, sensations douloureuses dans diverses parties du corps, symptômes d'hystérie ou d'hypochondrie, anxiété précordiale (phénomène presque constant), sentiment de vacuité ou de pression à la tête, palpitations, malaise et anxiété générale, besoin incessant de mouvement, symptômes physiques liés à un sentiment moral d'angoisse et de désespoir, et qui disparaissent tout à coup, comme par enchantement, lors de la guérison de l'accès.

V.

A côté de la variété de délire partiel que nous venons de décrire, il en est encore une autre qui s'en rapproche par plusieurs caractères principaux, mais qui s'en distingue par beaucoup de points et qui mérite également d'être détachée du groupe trop étendu des folies raisonnantes.

Nous la caractériserons, faute de mieux, par son trait le plus saillant, par la disposition d'esprit la plus fréquente chez ces malades, en la désignant sous le nom d'*aliénation partielle avec prédominance de la crainte du contact des objets extérieurs*. Le fond de cette variété de maladie mentale est celui des délires partiels actifs et expansifs, et non celui de la mélancolie. Esquirol en a rapporté une observation des plus intéressantes, dans son *Traité des maladies mentales*, sous le titre de *monomanie raisonnante*, et cet exemple renferme à lui seul la plupart des caractères de cette variété de maladie mentale.

Pour la décrire, même en abrégé, on doit distinguer les dispositions psychiques fondamentales qui existent chez tous les malades, des idées prédominantes et des actes qui en résultent, lesquels peuvent varier selon les cas.

Le fond véritable de cette maladie mentale consiste surtout dans une disposition générale de l'intelligence à revenir sans cesse sur les mêmes idées ou sur les mêmes actes, à éprouver le besoin continuel de répéter les mêmes mots ou d'accomplir les mêmes actions, sans jamais réussir à se satisfaire ou à se convaincre, même par l'évidence. Ces malades sont dans un état d'hésitation intérieure perpétuelle, et ils ne peuvent parvenir à arrêter ce travail incessant de leur pensée s'exerçant continuellement sur elle-même, sans jamais arriver à aucun résultat définitif. Aussi mon père a-t-il proposé avec raison de donner à cet état mental le nom de *maladie du doute* pour résumer, sous sa forme la plus générale, le fait psychologique principal qui lui sert de base.

Les idées délirantes qui préoccupent ces malades peuvent varier beaucoup, selon les personnes, selon le milieu où elles ont vécu, ou selon la circonstance qui a donné naissance à cette disposition maladive, mais une fois que l'esprit de ces aliénés s'est attaché à certaines séries d'idées particulières, celles-ci deviennent leur préoccupation dominante pendant des mois, pendant des années, et le travail intellectuel, concentré autour de ces idées principales et de leurs dérivés, multiplie successivement le délire par le délire, et entraîne à sa suite des conséquences intellectuelles et des actes qui se ressemblent beaucoup chez les différents malades, malgré la diversité de leurs conceptions délirantes prédominantes.

Ainsi, quelques-uns de ces aliénés, tourmentés par des scrupules religieux, se reprochent sans cesse les idées qui surviennent spontanément dans leur esprit, ou les actes les plus insignifiants de leur vie, et passent tout leur temps à se répéter mentalement les reproches qu'ils s'adressent ainsi à eux-mêmes. D'autres sont constamment occupés à chasser certaines séries d'idées ou bien à en retenir d'autres qui tendent incessamment à s'échapper de leur mémoire. Les autres, et c'est la prédominance la plus fréquente, ont la crainte perpétuelle de toucher les objets extérieurs avec leurs mains, avec diverses parties de leur corps, ou même avec leurs vêtements, tantôt parce qu'ils redoutent que ces objets ne soient malpropres ou ne contiennent quelque substance malfaisante; tantôt, comme chez la malade d'Esquirol, parce que ceux-ci pourraient renfermer quelque objet de valeur qu'on les accuserait de s'être appropriés. Enfin, quelques-uns d'entre eux ont la peur des chiens, et surtout des chiens enragés. Ces malades sont tellement dominés par ces craintes diverses, qui existent chez eux pendant le jour et pendant la nuit, que ces préoccupations réagissent incessamment et de la manière la plus pénible sur tous les détails de leur existence, et les empêchent de vivre de la vie commune et de se livrer aux actes que nous accomplissons tous à chaque instant. Ainsi, ils emploient un temps considérable pour faire leur toilette, pour se décider à se mettre à table et ils redoutent même de porter les aliments à la bouche. Ils ont peur de marcher, dans la crainte de fouler le sol avec leurs pieds ; ils évitent le voisinage des autres hommes pour ne pas leur donner la main, ou pour ne pas les frôler avec leurs vêtements ; ils fuient, en un mot, le contact de tous les objets extérieurs ; enfin, ils ne consentent à toucher le bouton d'une porte pour l'ouvrir, qu'à la condition de se servir de leur mouchoir, du pan de leur habit ou de leur robe ; car les objets métalliques sont ordinairement ceux dont le contact leur répugne le plus.

Quand on n'a pas reçu les confidences de ces malades, on ne peut se faire une idée exacte de la multiplicité des craintes qu'enfante, à chaque instant, leur imagination en délire et des conséquences variées qu'elles entraînent dans les faits les plus insignifiants de la vie de chaque jour. Ont-ils touché involontairement un objet quelconque avec leurs mains ou une portion de leurs vêtements (ce qui, malgré leurs précautions, arrive nécessairement très-souvent), ils sont alors obligés de quitter ce vêtement pour ne plus le remettre, ou bien de se laver les mains, et ils passent ainsi une grande partie de leur temps dans des lavages sans cesse renouvelés. De là naissent de nouveaux doutes, de nouvelles perplexités et de nouvelles lenteurs dans l'accomplissement de tous les actes de la vie. Ils se parlent constamment à eux-mêmes, mentalement ou en remuant les lèvres, et se répètent les mêmes mots ou les mêmes idées, pour se convaincre que les objets touchés n'étaient pas malpropres ou que les lavages ont été suffisants ; non contents de se parler à eux-mêmes, ils éprouvent le besoin de faire répéter aux personnes qui vivent avec eux les mêmes mots ou les mêmes membres de phrases, parce que l'assurance réitérée d'autrui leur semble avoir plus de valeur que leur propre affirmation.

Ces malades ont une parfaite conscience de leur état ; ils reconnaissent l'absurdité de leurs craintes et cherchent à s'y soustraire, mais ils ne peuvent y parvenir, et sont, malgré eux, toujours entraînés à revenir sur les mêmes idées et à accomplir les mêmes actions. Tant que la maladie n'est pas très-ancienne et n'est pas arrivée à ses dernières périodes, ils peuvent encore conserver en public toutes les apparences de la raison, et s'ils n'en faisaient eux-mêmes l'aveu, nul ne pourrait se douter qu'il s'accomplit parallèlement en eux un double travail intellectuel, l'un extérieur, dont on est témoin, et l'autre intérieur, qui n'a pour spectateur que l'intimité de la conscience. Ce travail exige une dépense excessive de force nerveuse et intellectuelle, donne lieu à une souffrance morale des plus pénibles, et pourtant, soit par suite de la surexcitation maladive, soit par l'effet de l'habitude lentement contractée, le système nerveux finit par s'adapter à cette déperdition de force exagérée, et les malades résistent, souvent pendant des mois et même pendant des années, à ce travail incessant, sans que leur santé physique en soit fortement ébranlée et sans que leur intelligence s'affaiblisse notablement. Il est remarquable, en effet, que cet état mental, qui se prolonge souvent pendant toute la vie, avec des alternatives irrégulières de paroxysmes et de rémissions quelquefois très-prononcées, n'aboutit jamais à une véritable démence.

Cette variété d'affection mentale est plus fréquente qu'on ne l'imagine : on l'observe plutôt dans la pratique civile que dans les asiles d'aliénés, où il est rare que ces malades se trouvent enfermés. Elle se produit souvent à la suite d'un dérangement notable dans la santé physique, après une maladie générale, comme la fièvre typhoïde ou le choléra, et dans beaucoup de cas elle date de l'époque de la puberté. Les malades peuvent eux-mêmes en général préciser le moment de son début ; quelquefois même le médecin est appelé à y assister. Elle éclate fréquemment à la suite d'une circonstance déterminée, qui imprime à la maladie son caractère particulier et devient ordinairement l'origine de l'idée prédominante. Cette affection est plus commune chez la femme, mais on l'observe aussi chez l'homme. Elle est habituellement liée à la constitution générale de l'individu, héréditaire, ou du moins congénitale. Enfin, elle s'accompagne généralement de symptômes physiques et en particulier de phénomènes d'hystérie ou d'hypochondrie.

Nous avons insisté longuement sur les variétés de la folie raisonnante, dont nous avons cru devoir donner une description abrégée,
parce que l'étude clinique de ces diverses variétés nous paraît
constituer le progrès le plus important à réaliser dans cette branche
de la pathologie mentale.

Pour compléter ce travail, il nous faudrait maintenant chercher à découvrir dans la classe si vaste et si mal délimitée des
folies raisonnantes, d'autres catégories de faits moins connues et
moins bien étudiées jusqu'à ce jour; mais l'étendue déjà trop
longue de ce discours ne nous permet pas d'aborder aujourd'hui
cette partie de notre tâche. Nous nous bornerons donc à signaler,
comme susceptibles d'une description nouvelle, les états suivants :
1° certains *délires de persécution*, à lente évolution et à idées délirantes très-concentrées et dissimulées par les malades, qui peuvent
passer pour une simple exaltation délirante, sans idées prédominantes ; 2° *la variété d'exaltation maniaque simple*, non suivie
d'une période mélancolique, véritable type de la folie raisonnante
essentielle, sans aucune complication, et qui mériterait une étude
spéciale; 3° *les états de trouble mental liés plus spécialement à
l'influence héréditaire*, sur lesquels M. le docteur Morel a surtout,
et avec juste raison, attiré l'attention dans ces dernières années ;
enfin, 4° *les accès très-courts de folie transitoire, à forme raisonnante*, pendant lesquels les malades tuent, se tuent, ou s'abandonnent à de grandes violences d'action, tout en conservant dans
leur langage beaucoup d'apparences de raison, état observé fréquemment, par exemple, dans le *petit mal intellectuel des épileptiques*, et même quelquefois dans les accès du grand mal. Mais
nous devons nous contenter pour le moment de la simple indication
de ces variétés qui mériteraient de fixer l'attention des observateurs.
L'examen clinique auquel nous venons de nous livrer suffira, nous
l'espérons, pour remplir le but que nous nous sommes proposé,
c'est-à-dire pour démontrer que la folie raisonnante, telle qu'on la
conçoit aujourd'hui, comprend des états très-divers de trouble
mental qui devraient être soigneusement séparés les uns des autres
dans une classification vraiment naturelle.

PARTIE LÉGISLATIVE OU ADMINISTRATIVE.

Nous arrivons maintenant aux applications pratiques des principes que nous avons posés dans les deux parties précédentes.

La première question qui se présente à étudier, au point de vue des lois et de l'administration, dans les cas de folie raisonnante, c'est celle de la *séquestration*. Doit-on séquestrer tous les individus atteints de folie raisonnante ? Peut-on les séquestrer tous ? Voilà ce qu'il s'agit d'examiner rapidement. Cette séquestration peut être motivée par une idée thérapeutique, ou par la considération de la sécurité du malade, de sa famille et de la société. On ne peut donc établir à cet égard aucune règle absolue, et il faut agir différemment selon les cas. Au point de vue thérapeutique, il est, en effet, des circonstances où l'on peut espérer, par le régime, par la discipline et par le fait même de la séquestration, produire une sorte d'intimidation sur le moral de ces malades, et, en les forçant à exercer de l'empire sur eux-mêmes, arriver à refréner la violence de leurs actes et à modifier avantageusement leur état mental. Au point de vue de la sécurité, il est évident que quelques-uns de ces aliénés peuvent devenir dangereux par leurs actes, soit pour eux-mêmes, soit pour ceux avec lesquels ils vivent, et que ceux mêmes qui ne présentent pas un danger immédiat, dans le sens rigoureux du mot, deviennent, dans leurs familles ou dans la société, l'occasion de désordres sans fin, de véritables scandales, jettent la perturbation partout où ils se trouvent, et sont souvent tellement intolérables pour tous ceux qui les entourent, qu'il est indispensable de songer à les isoler.

Malheureusement, dans l'état actuel des esprits et de la législation, les difficultés sont souvent énormes pour faire admettre l'existence d'une folie raisonnante par les parents, par les médecins ordinaires et par les magistrats. Il faut que la maladie existe depuis bien longtemps et qu'elle soit arrivée à un degré très-avancé de

développement pour qu'on consente à la reconnaître, et alors même
que quelques personnes dans l'entourage du malade commencent à être convaincues, d'autres contestent encore et sont prêtes à
protester.

Ceci nous amène tout naturellement à dire quelques mots de la
loi de 1838, aujourd'hui si injustement attaquée, que l'on accuse
bien à tort de favoriser des séquestrations illégales, et qui, au contraire, devient souvent un obstacle à la séquestration, en temps op-
portun, de certains aliénés raisonnants. Cette loi est assurément
excellente dans son ensemble. Elle a été mûrement élaborée par
des jurisconsultes sérieux et capables. Appuyés sur les conseils
des médecins, ils sont parvenus à concilier d'une façon vraiment
remarquable les intérêts des aliénés et de leurs familles avec
ceux de la société. OEuvre éminemment médicale, cette loi a eu
pour but principal et pour résultat immédiat de faire placer de
bonne heure les aliénés dans les asiles, à une période où ils sont
encore curables, et de favoriser l'intervention du médecin, soit
pour soigner, soit pour constater la folie. Aussi, au risque de paraître
rétrogrades, devons-nous tous défendre une loi qui n'a fait que
consacrer les principes posés par les médecins aliénistes les plus
éminents, depuis le commencement de ce siècle, qui a déjà produit
beaucoup de bien et qui en produira davantage encore.

Mais conçue principalement à un point de vue médical, elle est
aujourd'hui plutôt appliquée au point de vue administratif de la
sécurité publique. Au lieu de se demander si un aliéné est curable,
on s'inquiète surtout de rechercher s'il est dangereux ou inoffensif.
Or, les médecins aliénistes, connaissant toutes les modifications qui
peuvent s'opérer dans le moral des aliénés, selon les moments où
on les observe, déclarent qu'ils peuvent tous, sans exception, devenir dangereux ; les administrations, au contraire, dirigées par une
idée économique ou pour sauvegarder la liberté des aliénés inoffensifs et leur séjour dans la famille, imposent aux médecins des
asiles l'obligation de distinguer pratiquement les aliénés dangereux
de ceux qui ne le sont pas. Cette question posée aux médecins
spécialistes pour tous les aliénés en général, est surtout difficile à
résoudre, lorsqu'il s'agit des aliénés raisonnants. Ces malades, en
effet, lorsqu'ils restent dans leurs familles, y deviennent intolé-

rables ; ils mettent le désordre partout où ils se trouvent, sont un objet continuel de luttes et de scandales, et rendent la vie impossible à tous ceux qui les entourent. Lorsque, au contraire, ils viennent à être séquestrés dans un asile, ils y paraissent si raisonnables qu'on ne peut les y conserver longtemps, et l'on est bientôt obligé de les rendre à la liberté. Ils recommencent alors le même genre de vie qui avait déjà provoqué le premier placement et qui en motive un second, la vie en commun étant absolument impossible avec de pareils malades.

Telle est la succession la plus ordinaire des faits qni se produisent dans ces circonstances, et il ne peut guère en être autrement, parce que cela dépend de la nature particulière de cette forme de maladie mentale. Il ne faudrait pas croire pourtant que le plus grand nombre de ces malades fût inoffensif. Les uns, en effet, se portent réellement à des actes violents, justiciables des tribunaux, tels que l'homicide, le vol, l'incendie ou les attentats aux mœurs, et pour ceux-là le doute n'est pas possible. Mais ceux mêmes qui ne semblent pas avoir de penchants violents et qui paraissent inoffensifs dans le monde deviennent au plus haut degré insupportables et nuisibles dans l'intérieur des familles. Pour s'en convaincre il suffit de consulter les faits si nombreux rapportés dans le livre de M. Trélat, et de tenir compte de l'expérience de chaque jour pour se faire une juste idée des désordres et des malheurs de tous genres qu'entraîne la vie de famille avec de semblables malades. C'est un véritable enfer anticipé, et quand on les connaît réellement, on ne comprend que trop combien la séquestration de ces aliénés peut devenir indispensable pour la sécurité et la tranquillité des familles et de la société.

On s'est même demandé si dans les cas extrêmes, lorsque des actes violents sont à redouter par la mise en liberté de ces malades, leur séquestration ne devrait pas être perpétuelle. M. Aubanel s'est prononcé en faveur de ce moyen rigoureux pour les aliénés homicides, et d'autres auteurs ont voulu l'appliquer aux aliénés raisonnants, ou du moins aux aliénés dits criminels. Cette question, liée intimement à la création des asiles spéciaux pour les aliénés criminels, comme il en existe en Angleterre et comme MM. Brierre de Boismont et Legrand du Saulle en ont proposé pour la France, est

trop importante pour pouvoir être abordée incidemment et elle exigerait un examen spécial. Bornons-nous à dire que, selon nous, la
séquestration perpétuelle des aliénés, homicides ou autres, ne peut
être proclamée ni repoussée en principe d'une manière absolue ;
en pratique, sa solution dans chaque cas particulier, doit être,
ainsi que l'a dit fort justement M. Parchappe (1), entièrement aban-
donnée à la science et à la conscience du médecin de l'asile où se
trouvent ces aliénés.

Il en est de cette question comme d'une autre question légale,
dont nous devons dire aussi quelques mots, c'est-à-dire du *mariage*
des aliénés raisonnants. Sans doute, il serait désirable, dans l'inté-
rêt des familles et de l'humanité en général, que le vœu émis par
M. Trélat (dans son livre sur la folie lucide) pût être réalisé, et
que, lorsque l'état mental de ces aliénés est bien connu du médecin
de la famille, celui-ci pût empêcher un mariage qui doit donner naissance à tant de malheurs pour la personne qui s'unit à eux et pour
les enfants résultant de cette union. M. Trélat a eu certainement
raison, dans ces cas si malheureux de maladie mentale à forme
raisonnante, de chercher à déverser sur la famille de ces aliénés
une partie de la sympathie et de la pitié que les tendances philan-
thropiques de notre époque ont concentrée tout entière sur l'aliéné
lui-même ; car les familles sont souvent alors bien plus à plaindre
que les malades. Mais, dans l'état actuel de notre législation et de
nos mœurs, lorsqu'il s'agit de mariage, le médecin ne doit pas dé-
passer la limite du conseil, et ni lui, ni les lois elles-mêmes, ne
peuvent rien imposer contre la volonté des individus ou des familles.
Il en est des aliénés raisonnants comme des épileptiques, dont
M. Legrand du Saulle voudrait aussi voir interdire le mariage par
une prescription légale. Ce sont là, à nos yeux, des mesures trop ri-
goureuses et trop sévères pour qu'elles puissent être applicables ;
elles ne seraient d'ailleurs jamais mises en pratique, alors même
qu'elles seraient décrétées et formulées dans les lois.

Après la séquestration et le mariage des aliénés atteints de folie
raisonnante, il nous resterait encore, pour parcourir le cercle des
principales questions légales et administratives qui concernent ces

_____

(1) *Annales médico-psychologiques*, 3e série, t. I, p. 522. 1855.

malades, à dire quelques mots des séparations de corps, des conseils judiciaires et de l'interdiction ; mais le temps nous manque
aujourd'hui pour aborder ces questions, et je me bornerai à les signaler à l'attention de la Société pour arriver enfin à la quatrième
partie de ce discours, c'est-à-dire à la partie médico-légale.

PARTIE MÉDICO-LÉGALE.

La folie raisonnante, plus que toute autre forme de maladie mentale, mérite d'être étudiée au point de vue médico-légal. Les difficultés sont plus grandes, en effet, dans ces conditions que dans toutes les autres. Il est souvent très-difficile de reconnaître si le sujet examiné est réellement aliéné, parce que l'état de plusieurs de ces malades se rapproche singulièrement de certains caractères de l'état normal, et parce que l'excentricité ou la bizarrerie natives touchent souvent à la folie. Les médecins, même très-exercés, peuvent donc hésiter, dans quelques circonstances, pour affirmer si la personne soumise à leur examen est dans un état compatible avec la raison, ou bien si elle a réellement franchi la limite de la maladie. Quelques individus, prédisposés à la folie, sont, en effet, dès leur enfance, fantasques et excentriques ; ils sortent de la ligne commune, sous le rapport de l'intelligence, des sentiments et de la conduite, et ne sont pourtant considérés par personne comme des aliénés. Il est même remarquable que ces êtres exceptionnels conservent souvent pendant toute leur vie ce même degré d'excentricité sans jamais arriver jusqu'à un état de véritable folie.

On ne peut donc admettre un prototype de la raison qui consisterait pour ainsi dire dans l'absence de tout sentiment et de toute passion, type de la raison calme et impassible de certains hommes toujours semblables à eux-mêmes et immodifiables par les circonstances. Cet idéal de la raison n'existe pas dans la nature humaine, telle que nous la connaissons. L'équilibre des facultés est plus instable et plus mobile que ne le comporte ce tableau-type d'une raison absolue, et il faut se représenter l'homme à l'état normal sous une forme moins arrêtée et susceptible de beaucoup de modifications et d'oscillations. On est bien obligé de reconnaître, en effet, que les limites de l'état physiologique sont très-variables selon les individus, et qu'elles peuvent osciller entre les deux extrêmes de la raison froide et de la passion exaltée.

Mais, ainsi que nous l'avons déjà dit dans la première partie de ce discours, ce n'est pas sur ce terrain mouvant des limites flottantes entre la raison et la folie que le médecin légiste doit chercher son point d'appui pour résoudre les questions délicates qui lui sont soumises ; c'est sur le terrain solide de l'observation médicale qu'il doit s'efforcer d'asseoir son diagnostic. Or, deux procédés se présentent naturellement à l'esprit pour établir ce diagnostic dans les cas difficiles. Le premier consiste à se représenter la raison en général et la folie envisagée dans son ensemble comme deux types contraires, et à chercher des caractères distinctifs entre ces deux types placés en face l'un de l'autre. Opposer la raison, considérée comme un être abstrait, à la folie, maladie unique ayant des caractères généraux, tel est, en effet, le procédé suivi par les philosophes, par les moralistes, par les magistrats, et même par les médecins aliénistes de notre époque. Or, ce procédé, insuffisant pour la plupart des folies, l'est bien plus encore pour les folies raisonnantes, qui ne diffèrent souvent que par le degré de certains caractères de l'état normal.

Cependant ce procédé très-imparfait de diagnostic est encore le seul que nous possédions aujourd'hui pour certains cas de folie raisonnante dont la description ne rentre dans aucune des catégories connues de maladies mentales. Mais c'est là évidemment l'enfance de l'art, et nous devons nous efforcer de diminuer de plus en plus le nombre de ces cas de folie raisonnante *incertæ sedis*, pour lesquels ces moyens généraux de diagnostic sont seuls applicables.

Pour tous les autres faits, au contraire, le véritable criterium du diagnostic pour le médecin légiste consiste à classer le cas particulier soumis à son examen dans une catégorie de maladie mentale bien connue et bien décrite, dans laquelle il puisse le faire figurer à côté d'autres faits analogues, dont les caractères physiques et moraux ainsi que la marche auront été à l'avance nettement déterminés. Alors seulement la médecine légale des aliénés pourra être considérée comme entrée dans une phase vraiment scientifique. Au lieu de disserter, comme l'avocat ou le magistrat, sur les limites abstraites qui séparent la raison de la folie, le médecin légiste restera sur son terrain médical et appliquera aux maladies mentales la méthode adoptée pour le diagnostic des autres maladies.

La médecine légale, science d'application, se réduit ainsi tout entière à une question de diagnostic : *diagnostic général* pour établir l'état d'aliénation mentale ou de folie, et *diagnostic spécial* pour déterminer à quelle espèce ou à quelle variété particulière de maladie mentale appartient réellement le fait en litige.

Pour la folie raisonnante, comme pour toutes les autres formes de la folie, le seul problème à résoudre par le médecin légiste se borne donc à faire rentrer le cas particulier soumis à son examen dans l'une des catégories dont nous avons esquissé la description dans la partie clinique de ce discours, ou bien dans toute autre catégorie dont l'étude scientifique sera faite ultérieurement. Voilà pourquoi nous avons cru devoir nous étendre longuement sur l'étude clinique de ces diverses variétés, avant d'arriver à la partie médicol-égale qui se résume pour nous dans une simple question d'application.

Ici s'arrête le rôle du médecin légiste pour ceux qui, comme nous, croient à l'irresponsabilité absolue de tous les aliénés devant la justice, pour ceux qui pensent que tout individu, reconnu aliéné, quelle que soit d'ailleurs la forme ou le degré de son délire, doit être exonéré de toute responsabilité, soit civile, soit criminelle. Mais il en est autrement pour les partisans de la responsabilité partielle. Après avoir constaté qu'un malade est atteint de folie raisonnante, ils doivent encore se demander s'il est capable de signer, en connaissance de cause, certains actes civils ; si un testament fait par lui peut être déclaré valable ; s'il conserve assez de liberté d'esprit pour donner son consentement au mariage de ses enfants ou pour signer une procuration ; enfin si, en accomplissant un acte réputé crime ou délit, il a eu une conscience suffisante de la valeur de cet acte, de sa nature criminelle ou punissable par les lois, du préjudice qu'il causait à autrui ou des conséquences qui en résulteraient pour lui-même, pour qu'on puisse le considérer comme responsable de cet acte, tandis qu'on le regarderait comme entraîné irrésistiblement pour certains autres. De là une foule de questions médico-légales secondaires, d'une solution extrêmement difficile, qui se présentent naturellement pour les partisans de la responsabilité partielle et qui n'existent pas pour ceux qui proclament l'irresponsabilité absolue de tous les aliénés.

Pour ma part, je ne fais aucune difficulté d'avouer que s'il est des aliénés qui se prêtent facilement à la théorie de la responsabilité partielle et qui, dans quelques cas rares, déconcertent singulièrement les partisans de l'irresponsabilité absolue, ce sont certainement les aliénés raisonnants. Lorsqu'on entend, par exemple, quelques aliénés ayant, par nature ou par suite de leur maladie, des instincts mauvais et pervers, se vanter publiquement de pouvoir commettre un crime impunément et pousser même d'autres malades à en faire autant, en leur démontrant que leur état de maladie les exemptera de tout châtiment ; lorsqu'on entend d'autres aliénés, affectés de penchant au suicide, raisonner leur projet, en calculer tous les moyens d'exécution avec le sang-froid et le calme apparent d'un homme sain d'esprit ; lorsqu'on entend enfin un malade, comme celui dont nous a parlé M. Legrand du Saulle (1), déclarer qu'il se sent entraîné irrésistiblement à se détruire, mais que, dans l'intimité de sa conscience, il a le sentiment profond que, s'il se livrait à une autre action coupable, il se croirait parfaitement responsable parce qu'il aurait la force d'y résister ; lorsqu'on constate, dis-je, de pareils faits, on se prend quelquefois à douter, alors même qu'on est profondément convaincu de l'impossibilité de poser une autre limite que celle de la maladie à la responsabilité et à l'irresponsabilité humaines ! Ces malades, en effet, sont souvent doués de tant de facultés qu'on serait tenté, à première vue, de leur accorder le droit de disposer d'eux-mêmes, de leur personne et de leurs biens dans l'ordre civil et dans l'ordre criminel. On comprend parfaitement, par exemple, que l'on puisse faire valider un testament rédigé par un malade atteint pendant sa vie de la variété de folie raisonnante que nous avons décrite précédemment et caractérisée par la crainte du contact des objets extérieurs, lorsque, en dehors de ces bizarreries de conduite et d'action, il semble avoir eu la parfaite notion de ses affaires et s'être très-bien rendu compte de ce qu'il faisait en donnant son bien à telle personne plutôt qu'à telle autre. Mais, malgré ces difficultés, quelquefois très-grandes, que l'on rencontre

____

(1) *Annales médico-psychologiques*, t. I, 4e série, p. 225. 1863.

dans la pratique pour quelques cas exceptionnels, je reste néanmoins très-convaincu, pour ma part, que même dans ces cas rares, il y a grand avantage à passer outre à ces inconvénients secondaires, et à proclamer le principe général qui seul peut tirer le médecin d'embarras dans les cas difficiles, qui seul répond à toutes les situations, coupe court à toutes les objections et permet de triompher de tous les obstacles, c'est-à-dire le principe de l'irresponsabilité absolue de tous les aliénés sans exception devant la justice, dans les affaires civiles comme dans les affaires criminelles.

Cependant, il reste encore aux partisans de l'irresponsabilité absolue de tous les aliénés pendant leurs accès, une dernière ressource pour faire valider, dans quelques circonstances, certains actes civils de ces aliénés ou pour les rendre responsables de certains autres, sans être infidèles à la doctrine générale. Cette ressource, c'est celle des intervalles lucides, des intermittences et même des rémissions très-prononcées. Puisqu'on est forcé de reconnaître que l'état de folie n'a pas toujours existé chez un individu reconnu aliéné, et que de plus, il est susceptible de guérison, on ne peut s'empêcher d'admettre aussi qu'il existe des folies périodiques ou intermittentes, qu'il peut se produire chez les aliénés des intervalles lucides plus ou moins éloignés ou plus ou moins rapprochés, pendant lesquels ils peuvent recouvrer momentanément la raison et la liberté morale, et que, par conséquent, un homme déclaré absolument irresponsable dans un moment donné de son existence, peut être reconnu responsable dans un autre moment, quelquefois même assez rapproché. C'est dans ce sens seulement que peut, selon moi, être acceptée dans la science et dans la pratique, la doctrine de la responsabilité partielle de certains aliénés, non pas au même instant, mais dans des instants différents de leur existence. Cet aspect de la question méritait d'être signalé, surtout à propos de la folie raisonnante ou de la folie des actes, qui présente assez fréquemment dans son cours des périodes de rémittence très-prononcée, ou même de véritables intermittences. La seule difficulté que l'on puisse alors rencontrer, et elle est souvent très-grande, consiste à discerner si l'intermittence est réellement complète et à distinguer une simple rémission, plus ou moins marquée, d'une véritable intermittence, ou d'une guérison momentanée. Mais ici encore c'est à la clinique qu'il appartient d'éclairer la médecine légale, qui se résume dans ce cas, comme toujours, dans une simple question de diagnostic médical.

CONCLUSIONS.

Arrivé enfin au terme de ce discours, je crois devoir le résumer par les conclusions suivantes, présentées sous forme de questions que je propose à l'examen de la Société médico-psychologique :

1° Peut-on admettre la lésion isolée des facultés humaines, et dans la folie raisonnante en particulier, la lésion des sentiments et des instincts sans trouble de l'intelligence, ou bien doit-on reconnaître l'étroite solidarité d'action de ces facultés, à l'état sain et à l'état maladif?

2° Existe-t-il un criterium absolu pour distinguer la raison de la folie, ou bien ce criterium ne réside-t-il pas dans l'existence d'un état pathologique caractérisé par des symptômes physiques, par des symptômes psychiques multiples et par une marche déterminée?

3° La folie raisonnante, ou folie morale, est-elle une forme ou une variété spéciale de maladie mentale, ou bien n'est-elle qu'une réunion artificielle de faits disparates, dans laquelle il faut chercher à découvrir des groupes plus naturels?

4° Dans quelles circonstances la séquestration est-elle nécessaire ou utile, dans les cas de folie raisonnante, soit au point de vue thérapeutique, soit pour la sécurité des malades, des familles et de la société ?

5° Quelles sont les mesures législatives ou administratives à proposer dans les cas de folie raisonnante, sous le rapport du mariage, des séparations de corps, des conseils judiciaires et de l'interdiction ?

6° Quelle conduite le médecin légiste doit-il tenir, dans les cas de folie raisonnante, au point de vue des actes civils et criminels accomplis par ces malades? Doit-il accepter le principe de l'irresponsabilité absolue de tous ces aliénés devant la justice, ou bien doit-il, dans quelques cas, proclamer leur responsabilité partielle et dans quelles conditions ?

7° Ceux qui n'admettent pas la responsabilité partielle des aliénés, raisonnants ou autres, pendant leurs accès, ne peuvent-ils pas reconnaître la validité de leurs actes civils ou la culpabilité de leurs actes criminels, lorsqu'ils sont accomplis dans l'intervalle des accès, ou même pendant des périodes de rémittence très-prononcée ?

Telles sont, messieurs, les principales questions que je crois devoir soumettre à l'examen et à la discussion de la Société médico-psychologique.

Paris. — Imprimerie de E. MARTINET, rue Mignon, 2.